JN065377

読むだけ
ブランディング

[著] 佐藤幸憲　平岡広章
[イラスト] 八木真理子

BYAKUYA BIZ BOOKS

はじめに

あなただけの物語をはじめよう

——業績が上がらないのは、経営者の責任。
——経営者が孤独なのは、応援者がいないから。
——問題に振り回されるのは、ブランディングしていないから。

　自分ならできると信じ一念発起して、いざ起業してみたはいいけれど、次のような問題に振り回されていませんか？　売上が上がらない、お客様が集まらない、採用ができない、人が育たない、また人が辞めていく、問題が次々に湧いてくる、成長が実感できない、味方がいない……。

　こういう状況になると、そもそもなんで起業したかも忘れ、なんのために毎日がんばっているのかすら考えられなくなります。毎日生きるのに必死。毎日タスクを完了させることに必死。なんでこうなったんだ、どこで間違えたんだ、何をすればいいんだ、誰か助けてほしい……。

　この気持ち、痛いほどわかります。多くの起業家はこのようにして、いつのまにか消えていく。それは企業生存率の統計データが物語っています。

暗闇からの脱出

　何を隠そう、私自身も同じ状況に陥っていました。私は東京都港区に特化した不動産仲介事業を、大志を掲げ起業しました。最初は順調に成長したものの、すぐに成長はとまり、うまくいかないことが増え、まわりはどんどんうまくいっているように見える。なぜ、自分のところだけうまくいかないんだと思い込み、部分的にいろいろ試し、一時的に状況は改善されても、また元に戻る。この繰り返しでした。

　そんな状態で数年間もがき苦しみながら、あるとき、あきらめのような感覚に陥り、何をやってもダメなら得意なことだけを究めてみようと思いました。お客様を集めることだけは昔からうまくいっていたので、マーケティングをいちからやってみようと思ったのです。

　それまで現場上がりの独学でやっていたところに、知識や型を入れていくことが楽しくなり、勘でやっていたことがどんどん言語化されていきました。そして手順を分解して一つずつ丁寧に形にして、最初から最後まで一貫性を維持する。マーケティングの基本原則が、やればやるほど解像度が上がり、ほかのことにも応用できることが増えていきました。

全体最適をするにはブランディングが必要だった

　マーケティングは知れば知るほど、やればやるほど、一つひとつの手順を構築していくことが大きな成果、つまり集客につながるとわかってきます。これは企業全体にも同じことが言えることに気づきました。たとえマーケティングを究めてもまた部分最適に戻り、全体最適はできないのではないかと。マーケティングにも役割があるように、企業にも役割がある。理念、プロダクト、セールス、マーケティング、リクルーティング、マネジメントと。この役割を理解し、部分最適ではなく全体最適でていねいに一つひとつを構築していくことが必要だと。

　そこでたどり着いたのがブランディングです。仮説を立てて、ブランディングに取り組んでいくと、またたく間に変化が生まれます。次から次へと起きていた問題が少なくなり、振り回されることが減り、取り組むことが明確になり、生産性は上がり、仲間が増え、応援されるようになります。その変化を見た友人の経営者に「やってみたい」と相談され、導入していくと同じように問題が解消され、本来のビジョンを目指す姿に変わっていきました。

　その中で出会ったのが、本書の共著者であるラフスタイルの平岡さんです。ラフスタイルとはマーケティングの支援で付き合いが始まりましたが、ブランディングを行う我々の変化を目

の当たりにし、ぜひやってみたいと相談されました。そんなラフスタイルのブランディングを手伝う過程で、この本の構想が生まれました。

　ラフスタイルはブランディングを通して大きく成長しました。その一部を本書でも紹介しています。それぞれの項目に対してラフスタイルの事例を入れています。それまで解説してきた内容を、ラフスタイルではどうしたのか？という視点で紹介しています。きっと、理解の一助となるはずです。

　本書の提示するブランディングは商品の見せ方を変えるといった部分的なものではなく、企業全体を見直すものです。したがって、経営的な視点で書かれているものもありますが、あくまでもブランディングという工程で必要な要素に絞って解説しています。したがって、本書を読むだけで、ブランディングの全体像がつかめるはずです。その点で、本書は経営者やマネジャーだけでなく、ブランディングを教養として学びたい読者の役にも立てると思います。

　志を持って起業したものの、問題に振り回されて何のために起業したのか？　そんな現状を脱するときが来ました。仲間を増やし応援されるようになりましょう。

佐藤幸憲

CONTENTS

序 章

ブランディングは農業に似ている

POINT

　ブランディングの工程と農業の工程は共通点が実に多いです。根元にあるのは、一貫性を持って、手間ひまかけて育てること。ブランドは商品の見せ方を変えるといった部分的なものではなく、ビジョン実現までの物語そのものです。土壌となる企業を整え、一つずつ実績という名の実りを収穫していきます。

ブランディング＝物語づくり

・ブランドとは物語である

・物語があると選ばれやすい

・経営の目的はビジョンの実現

・ビジョンを実現するには、多くの応援者が必要
　→物語を伝えていくことで集めやすくなる

・ブランディングは物語を紡ぎ、伝えていくこと

・ブランディングも農業も実るまで一貫性を持って育てる点で似ている

① ▶ ブランドとは何か？

農業とブランディングがなぜ、似ていると言えるのか？
それを説明するために、
まずはブランドの定義から考えていきましょう。
本書が考えるブランドは、
一般的に捉えられている意味合いとは少し違います。

ブランド＝物語

ブランドとは「物語」のことです。もう少しくわしく説明すると、**「創業の歴史から始まり価値ある未来に続く、企業の物語」**のこと。企業のロゴからホームページ、商品パッケージ、店内の雰囲気、従業員の接客態度、広告、ホームページ、SNSまで……ブランドと聞いてイメージするすべての要素は、物語から派生したものです。つまり、物語こそが中心にあり、最も大事なものなのです。この点を誤解すると、「売上がよくないから、パッケージをリニューアルしよう」「ブランドをつくれば、競合他社と差別化できる」「社員のやる気が低下しているから、気分を変えて士気を上げよう」といった部分を最適化させる方向に走ってしまいます。

ブランドがあると
選ばれやすくなる

　ブランド（物語）はなぜ必要なのでしょうか。一言でいえば、**物語があると選ばれやすくなるから**です。人が何かを求める（欲しいと思う）とき、それがなんであれ、「価値」を感じています。

　たとえば、リンゴ1つとっても、物語の有無で「欲しい」気持ちに大きな差が出ます。産地は不明で味はふつうのリンゴよりも、「農家の○○さんが『本当においしいリンゴを食べてほしい』という気持ちで丹精こめてつくっている無農薬栽培のリンゴのほうが選ばれやすいでしょう。この点は多くの人が納得するはずです。

　そして、ブランドが物語である理由はここにあります。物語は価値を感じてもらいやすいものなのです。

〈普通のリンゴ〉

〈物語のあるリンゴ〉

0

物語＝ヒーローズ・ジャーニー

　ブランド＝物語という定義はブランディングにおいて非常に重要です。物語とはいったい何なのか？　『桃太郎』を使ってもう少し掘り下げてみましょう。桃太郎には鬼という強大な敵がいます。桃太郎は鬼を倒すという大義を持ち、鬼退治の旅に出ます。もちろん、なんとなく退治しようと思ったのではなく、苦しめられている人を救いたいというきっかけがあります。そして旅の道中でさまざまな出来事が起こる中、お腰に付けたきびだんごを分け与え、仲間とともに鬼ヶ島へ向かいます。これは古今東西、**さまざまな物語における定番のパターンの一つ、ヒーローズ・ジャーニー**です。

　あなたが経営を通してどうしても解決したいことはなんでしょうか。なぜ、そう思ったのでしょうか。解決した未来はどうなっているでしょうか。そこに向けて、どんな道のりを歩むでしょうか。「○○を解決するんだ！」という強い想いに共感し、ともに戦ってくれる人は誰でしょうか。どんな人がその旅を応援してくれるでしょうか？　このすべてを含んだものが、企業の物語でありブランドです。そして、そのブランド＝物語をブランディングによって紡ぎ、創っていくのです。

1

2

3

4

5

6

7

企業経営の目的はビジョンの実現

　企業としてのブランドが確立されていると、商品やサービスを選んでもらいやすくなります。その結果、売上の向上につながり、長期的な経営を可能にします。しかし、売上を上げるのは、経営の目的を達成するための手段でしかありません。**企業経営の目的はビジョンの実現**です。くわしくは第1章で説明しますが、先に簡単に触れておくと、ビジョンは、経営者やリーダーが「こんな未来や世界がいいな」と考えるもの。一人では実現するのがむずかしいので、企業経営を通して実現を目指します。

　起業当初は一人だった会社が大きくなるにつれて、そこに応援する人が集まり、物語も大きく魅力的なものになります。その先に、ビジョンの実現があります。

物語を満たす条件

ビジョンの実現には、多くの人に「価値がある」と感じてもらう物語であることが重要です。そのような物語には、何が必要でしょうか。

ポイントは一貫性。**価値の一貫性を追求すること**と、**事実の一貫性を育てること**です。価値の一貫性を追求するとは、自社の商品やサービスなどを通して、必要な人に価値を提供していくことです。価値は人が望むときに生まれるもの。つまり、約束した価値を提供できているのか？　どんな未来を約束できるのか？　一貫した価値と未来を追求しなければなりません。

事実の一貫性を育てるとは、実績をつくっていくことです。事業をつくり、地道に実績として積み上げていきます。いち企業として、事業に一貫性はあるのか？　約束した価値どおりの実績は出ているのか？　売上を上げるためにいろいろやって「何をやっている会社なのかわからない」ようでは、一貫性があるとは言えません。

17

② ▶ ブランディングとは 何か？

ブランディングは競合他社にはない
独自のポジションの確立を目指していくこと。
それがおそらく一般的な理解のはずです。
でも、ブランド＝物語ブランドならば、
ブランディングとはいったいどんな活動なのでしょうか？

物語を紡ぎ、伝えていくこと

　ブランディングは物語を紡ぎ、伝えていく活動です。企業や商品、サービスの見せ方を考えることではありません。「創業の歴史から始まり、価値ある未来へつなぐ、企業の物語」をいちからつくります。そして、**正しく伝えていくことで物語に共感し、応援してくれる人を増やしていく**のです。応援者を増やすのはすでに触れたとおり、ビジョンの実現のためです。最初は小さな会社かもしれませんが、ブランディングを通して会社の規模が大きくなると、物語に厚みが増し、魅力的になっていきます。すると、どんどん応援者が増えていく……これを繰り返してビジョンの実現を目指します。

0
1
2
3
4
5
6
7

物語はさまざまなタッチポイントを通して伝わっていく

　物語を伝えていく方法は、何も「うちはこんな物語を持っています！」とホームページに掲げたりすることではありません。**企業活動のさまざまなポイントに物語の断片を組み込むことで、感じ取ってもらう**のです。本書では、企業活動を5つに分けています。プロダクト（商品やサービス）を中心に、セールス、マーケティング、リクルーティング、マネジメントです。

　このすべての活動において、物語の断片を組み込み、感じ取ってもらうわけです。顧客と自社をつなぐ接点をタッチポイントと言いますが、企業のロゴや商品パッケージ、広告、会社説明会などはその一部です。このようなさまざまなタッチポイントを通して、「ここの会社の商品が好き」「お店の雰囲気が好き」「ここで働きたい」と感じ取ってもらいます。

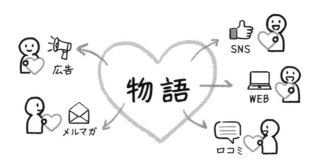

だから、
部分最適をしてはいけない

　物語は一貫性のあるもの、というスタンスはブレてはいけません。高級ブランドの宝飾やアパレルの店舗、広告、従業員の立ち振る舞いはすべて、商品の価格に見合っています。そのようなブランドの店舗は黒などシックな色合いで落ち着いた雰囲気がほとんどですが、もしファミリーレストランのような明るい店内だったらどうでしょうか。商品の価格とちぐはぐな印象を与えてしまい、消費者も混乱してしまうでしょう。

　小説を読んでみたら、コロコロ場所が変わったり、登場人物が何人も立ち替わり登場したりしては、筋を追うことはできません。「売上が悪いから、デザインを変えよう」といった小手先の行動は、物語を破綻させるものです。これを部分最適と言います。

　ブランディングは企業戦略そのものです。**部分最適ではなく、全体最適で考えていく。**その結果、物語に一貫性を持たせることができます。だから時間がかかります。誰かや何かに任せても簡単に結果は出ないものと心得ておきましょう。

ブランディングの勘違い

ブランディングはみんなに向けて行う

　ブランドはみんなのものです。消費者は「ここの会社の商品が好き」と思って選びますし、消費者に選ばれる商品やサービスを提供する会社で「働きたい」と考える人もいて、そのような会社と一緒に「仕事をしたい」と考える協力企業、取引先もあるでしょう。そう、ブランディングは消費者だけではなく、従業員や取引先など、**企業に関わるすべての人に対して発せられる**ものです。

表面的なテクニックではない

　なんとなくかっこいいから、ブランディングしたい。他社と差別化したい。見た目や雰囲気、デザインを変えたい——これらはもちろんどれも大事なのですが、それだけでは本質的なブランディングではありません。**一時的に気分や士気は上がりますが、それも長続きはしないのです。**

中小零細企業こそ、ブランディングを！

「iPhone」や「テスラ」など、誰もが知るブランドは存在しますが、このような大企業のブランドと肩を並べる必要はありません。ブランディングは中小零細企業でも成果を発揮することができます。むしろ、中小零細企業こそ、ブランディングを進めるべきです。大企業よりもスピード感を持って、いちから取り組むことができるからです。

　組織は大きくなればなるほど、一貫性を保つことがむずかしくなります。各部署が大きくなり、独立性を持つようになるので、部分最適をしてしまいがちなのです。

　それを考えれば、中小企業はよくもわるくも組織自体は小さいはずです。**経営者は全体最適で考え、行動を起こしやすいの**です。

　これは、一般的にいう商品ブランディング（商品やパッケージ）、アウターブランディング（ホームページや会社案内など）、インナーブランディング（人事評価制度や研修）、採用ブランディング（採用サイトや説明会）、SNSブランディング（Xや Instagram）ではありません。目先のテクニックにとらわれないようにしましょう。

③ ▶ ブランディングは 農業に似ている

ブランド、ブランディングの基本を知ったら、
ブランディングをはじめましょう。
むずかしく考える必要はありません。
ブランディングは農業とその工程が同じことに注目すると、
グッとわかりやすくなります。
だから、むずかしい専門用語だって不要です。

ブランディングと農業の共通点

　それではブランディングの工程を見ていきましょう。ブランディングと農業は共通点が多いとすでに説明しましたが、あらためてその共通点を説明すると、どちらも一貫性を持ち、手間ひまかけて育てるものだということです。それも一度きりではなく、継続して行います。

　農業は、土壌を育て、収穫量を決め、種を植え、根を育て、手入れをして、収穫をして、次の仕込みをします。どこかの工程が抜けたらいいものはできなくなりますし、途中で何かを変えたら一貫性がなくなります。たとえば、イチゴ用の土壌を整え、種を植えたのに、途中からキャベツのような育て方や手入れをしていたら、イチゴは実らないでしょう。

　ブランディングも同じです。企業の基盤を整え、目標を決め、価値を組み込み、組織を育て、選択と集中をし、成果を分け合い、次の挑戦に向かうという工程があります。農業のように、適切な手順があるわけです。なんとなく目標を決めたり、部分をいじったりしてはいけないのです。

　これから読み進める際、この共通点をしっかり押さえておきましょう。

ブランディングの全体像

① 土壌を育てる 第1章

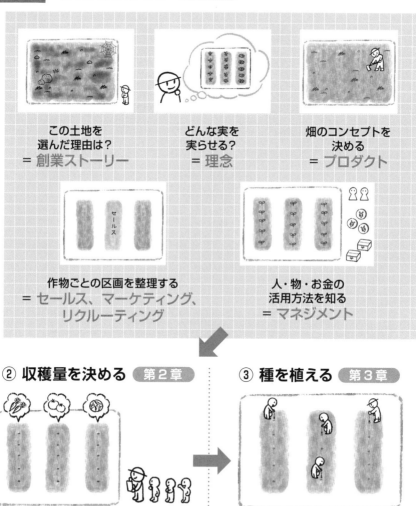

この土地を
選んだ理由は?
= 創業ストーリー

どんな実を
実らせる?
= 理念

畑のコンセプトを
決める
= プロダクト

作物ごとの区画を整理する
= セールス、マーケティング、
リクルーティング

人・物・お金の
活用方法を知る
= マネジメント

② 収穫量を決める 第2章

区画ごとの収穫量を決める
= 目標

③ 種を植える 第3章

種を植える
= 戦略・戦術をつくる

26

行動

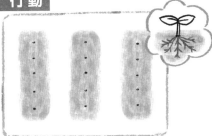

④ 根を育てる
第4章

根を育てる
= 組織を育てる

⑤ 手入れをする
第5章

畑の手入れ
= 選択と集中

⑥ 収穫をする
第6章

収穫する
= 実績をつくる

展望

⑦ 次の仕込みをする
第7章

次の仕込み
= 次の目標をつくる

0
1
2
3
4
5
6
7

テーマは「ブランディングと農業」

ブランド

①ブランドとは？

・ブランドとは、創業の歴史から始まり価値ある未来に続く、企業の物語のこと

・物語があると選ばれやすくなり、応援者や支持者が増える

・経営の目的はビジョンの実現。そのためには物語に共感してくれる応援者が必要

・物語に必要なのは価値の一貫性を追求すること、事実の一貫性を育てること

ブランディング

②ブランディングとは？

・ブランディングとは、物語を紡ぎ、伝えていくこと

・物語をさまざまなタッチポイントで感じ取ってもらう

・ブランディングは部分最適ではなく、全体最適で行うもの

・ブランディングは顧客だけでなく、関係者すべてに行う

・ブランディングは表面的なテクニックではない

・中小零細企業こそ、ブランディングをするべき

ブランディングは農業に似ている

③ブランディングと農業の共通点

・どちらも一貫性を持ち、手間ひまかけて育てるもの

ブランディングの全体像

準備

①土壌を育てる（第1章）
・この土地を選んだ理由は？＝創業の歴史
・どんな実を実らせる？＝理念
・畑のコンセプトを決める＝プロダクト
・作物ごとの区画を整理する＝セールス、マーケティング、リクルーティング
・人・物・お金の活用方法を知る＝マネジメント

②収穫量を決める（第2章）
・区画ごとの収穫量を決める＝目標

③種を植える（第3章）
・種を植える＝戦略・戦術をつくる

行動

④根を育てる（第4章）
・根を育てる＝組織を育てる

⑤手入れをする（第5章）
・畑の手入れ＝選択と集中

⑥収穫をする（第6章）
・収穫する＝実績をつくる

展望

⑦次の仕込みをする（第7章）
・次の仕込み＝次の目標をつくる

第1章
土壌を育てる

基盤を整える

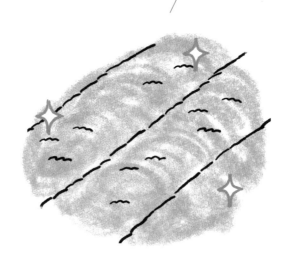

POINT

　農業の基盤となるのは土壌です。土壌の大きさを把握し、育てることから始めます。ブランディングの基盤となるのは企業です。ブランディングは商品の見せ方を変えるといったものではなく、企業経営そのものだからです。したがって、まずは基盤となる企業の原点から見つめ直し、整えることからスタートします。

企業づくりの流れ

・創業の歴史を言語化する

・理念を言語化する

・プロダクト（自社の商品・サービス）を強化する

・セールス、マーケティング、リクルーティングの流れを知る

・経営資源の活かし方を知る

① ▶ なぜ、この土地を選んだのか?

創業の歴史

すべての基盤となる土壌。最初にするべきことは
「この土地を選んだ理由」を確かめること。
ブランディングでは、創業の歴史を確認し、
言語化することがそれに当たります。

創業の原点を覚えていますか？

すべてのはじまり

　ブランドには一貫性が求められます。一貫性は起業家、従業員、顧客の全員が同じものを見ていてはじめて成立するものです。たとえば、ディズニーランドは誰もが「夢の国」と認識しているからこそ、強いブランドなのです。この**一貫性は創業の歴史から生まれます**。

原点に立ち返ろう

　どのようなきっかけで事業を立ち上げ、なぜ事業を選んだのか？　これを確認するのは、**当時の熱量を思い出すこと**でもあります。安定した給料や確実な休日は存在せず、リターンは確約されていません。それでも創業しようと思ったのは、熱量があったから。しかし、年数が経つにつれて、当初の熱量は忘れてしまいがちです。だからこそ、あらためて熱量を思い出します。

創業の歴史を構成する
2つのポイント

なぜ、創業しようと思ったのか？

行動を起こそうとしたきっかけは何でしょうか。誰かの影響を受けた？　それともどうしてもお金が必要だった？　「経営者だった父親の背中を見ていた」「ある目的を達成するために資金が必要だった」など、きっかけは人それぞれ。また当時を思い出せば、創業前に抱えていた課題や不安、手に入れたかった未来も思い出せるはずです。

なぜ、この事業を選んだのか？

事業を選んだ理由や、できると思った理由、この事業で「**誰の、何を解決しよう**」と思ったのでしょうか。その源泉を思い出してください。

ここに挙げた2つがまったくない人は、そもそも経営から身を引くべきとさえ言えます。この2つのポイントを言語化することで、それに共感する仲間が集まり、顧客にも伝わっていきます。こうして一貫性が生まれていくのです。創業の歴史が濃ければ濃いほど、魅力的な物語になります。

創業の歴史を読む

――ラフスタイルの事例

なぜ、ラフスタイルを創業しようと思ったのか？

　学生時代に授業でインターネットに出会い、ネットを通してできることに未来の可能性を感じました。**ネットを使えば、それまで情報を発信できなかった人が世界に発信できる**。今まで自分の想いを表現できなかった人々が一気に注目される時代が到来したことを感じ、これはまさに世界が一変する革命のときだと心が熱くなるくらい感動し、これを自分の仕事にしたいと思ったのです。

なぜ、この事業を選んだのか？

　Web制作にくわしい友人との出会いがきっかけで、ホームページで世界に向けて情報を発信できることを知り感動。それを仕事にしていこうと学生時代に友人と起業し企業のホームページ制作の仕事を始めます。そして会社設立時に、インターネットを使って地域の魅力を発掘し、発信する地域ポータルサイトを事業化。地域の魅力ある情報を拾い上げて、伝えることで地域や生活を笑顔にしたいという想いで「**ラフ（笑顔）スタイル**」という社名で会社を始めました。

② ▶ どんな実を実らせようか？

理念

　創業の歴史の次は、理念を言語化します。
「この土壌で自分は農業をするんだ！」と確認したら、
次は「どんな実を実らせようか」を考えるはずです。
それが企業でいう理念です。
これには企業理念と経営理念の2つがあります。
それぞれ定義も役割も異なりますので、
その違いをしっかり把握しましょう。

企業理念と経営理念

企業理念

「企業が信じていること」であり、「自社はこうあるべきだというステートメント」です。一言で表すなら「**なぜ、やるのか？**」。顧客、取引先、顧客など、その企業に関わるすべての人に向けて発信されます。**主に企業理念はMVV（ミッション、ビジョン、バリュー）の3つで構成されます。**

経営理念

　経営理念は「**企業をどう経営していくか？**」という方針を表します。こちらは社員や取引先に向けて発信されます。経営理念は経営者に依存しているので、経営者が交代すれば経営理念も変わります。また、経営理念は組織の規模によって変えていくものでもあります。経営理念が大切になるのは行動する段階に入ってから（第2章）。ここでは経営理念の定義だけ押さえておきましょう。

企業理念＝MVV

　企業理念はMVV（ミッション、ビジョン、バリュー）で表されます。ミッションは**使命**（企業がなんのために存在しているのか）、ビジョンは**展望**（どんな未来を目指すのか）、バリューは**価値基準**（ビジョンを実現するために大切にしていること）です。さらに、このバリューを体現するためのアクションである**行動基準**があります。

　企業経営において、ビジョンの実現が最も重要だといっても過言ではありません。序章で紹介したとおり、ビジョンの実現のためには多くの人に応援される必要があり、そのためにブランディングがあります。ビジョンは単なる展望ではなく、顧客の課題を解決した未来のことです。この未来に共感してもらう必要があるのです。

Mission	ミッション	使命
Vision	ビジョン	展望
Value	バリュー	価値基準
Action	アクション	行動基準

お金持ちになりたい！は ビジョンではない

ビジョンは顧客の課題を解決した、価値ある未来を指します。したがって「自分たちがこうなりたい」という自分本位のビジョンを掲げるのは少し違います。ブランディングでは共感されることが大事だとお伝えしましたが、もし「私がお金持ちになりたい」と言われたら共感できるでしょうか。応援したいと思うでしょうか。これをビジョンとして言い直すなら、「みんながお金に困らない世界をつくる」になります。その上で、「では、なぜお金に困らない人を増やしたいの？」に対する答えが企業の使命、つまりミッションです。そして、ビジョンを実現するために、「お金の知識を大事にしている」がバリューになり、正しいお金の知識を仕入れる、正しく伝えるというのが行動基準になります。

× お金持ちになりたい！

○ みんながお金に困らない世界をつくる

MVVの注意点

できるだけシンプルに

　MVVはできるだけシンプルな言葉で表現されるのが理想です。ダラダラとした長文ではなく、一文でまとめたいところです。その理由は「シンプルなほうが伝わりやすいから」ではなく、ブランディングにおける**すべての工程にMVVを組み込んでいくため**です。したがって、できるだけシンプルに表現するのが迷わなくなるので望ましいわけです。

探究を続ける

　MVVはさまざまなところでその重要性が語られていますが、それでも甘く見られがちです。なんとなく自分の願望を表現してしまったり、一度つくったらそのまま放置してしまったり。理念（MVV）の本質は**問い続け、探究し続ける**ものです。まさに哲学。その結果、深みが出るようになります。自分本位のビジョンを掲げてはいけないと説明しましたが、ほかにも「やれらたらいいな」「やりたいな」といった願望では問いや探究をすることはできません。

CASE STUDY

企業理念を読む

——ラフスタイルの事例

　ブランディングを進める中で、企業理念はかなりの紆余曲折を経ました。当初は、ミッションを「社内のありがとう、お客様のありがとうを増やす」、ビジョンを「デジタルマーケティングでより幸せになる100社を作る」、バリューを「お客様の悩みを見える化し、解決する」としようとしていました。しかし、これでは抽象的すぎることと、企業活動を通して解決したい課題が見えないことに気づき、ひたすら思考を掘り下げました。

　それが、現在の企業理念です。企業理念は**できるだけ短く表現する**ように心がけました。

〈ラフスタイルの企業理念〉

Mission　こだわりから笑顔をつくりだす

Vision　気づかないこだわりを発掘し
　　　　ラフ（笑顔）スタイルな世界をつくること

Value　苦労を宝に

Action　知る・掘る・魅せる

③ ▶ 畑のコンセプトを決める

プロダクト

　プロダクト（自社の商品やサービス）は
企業に利益をもたらすものであり、企業の中心にあるもの。
つまり、畑そのものです。
たとえ経営者が代わっても会社は変わりませんが、
プロダクトが変われば会社も変わります。
農業をする人が代わっても畑は変わりませんが、
作物を変えようと思ったら、畑を一から変えなければなりません。

プロダクトとは

　プロダクトは「**誰の、何を、どうやって解決するか？**」に応える商品やサービスを言います。決して「自分のやりたいこと」ではなく、顧客がベースにあることに注意してください。もちろん、自分のやりたいことをプロダクトにして売上を上げているケースはたくさんあります。しかし、それはたまたま、誰かの課題を解決しているだけです。再現性がないので、いつか売上が上がらないタイミングが来ます。そのとき何を修正すればいいかわからず、部分最適に走ってしまいます。

　そして、プロダクト＝企業の中心と考えるならば、それはMVVがしっかり反映されたものでなければなりません。その上で、プロダクトの強みを言語化します。その際、市場や競合調査をすることが一般的ですが、本書ではあえて行いません。ブランディングにおいて何より重要なのは、**プロダクトがMVVを体現しているか？**だからです。

✕　自分のやりたいこと

◯　誰の、何を、どうやって解決するか？

43

プロダクトから物語の断片を
感じられるか？

　序章で、人が何かを欲しいと思うとき、そこに価値を感じると説明しました。顧客がプロダクトを選ぶときも同様で、何かしらの価値を感じています。それは見た目や質、価格など、いくつも考えられますが、一言でいうとMVVです。「そんなわけはない」と思うでしょうか。

　実際のところ、何かを選ぶときは無意識かもしれません。わざわざ理由など考えていないかもしれません。しかし、選ぶ理由を掘り下げていくと、必ず見つかります。よく利用するコーヒーチェーンがあるとして、なぜいつもそこでコーヒーを買うのか？　じっくり考えてみると、味であれ、従業員の接客であれ、店内の雰囲気であれ、きっとMVVにたどりつきます。

　そのためには、**企業はどういう形であれ、発信（言語化）していないといけません。**それが物語の断片をすべてに組み込むことなのです。ここではプロダクトを例に解説していますが、それはこれから説明するセールス、マーケティング、リクルーティングでも同じこと。

　そしてもし顧客に間違った受け取られ方をしているなら、MVVと一貫性がないということです。

プロダクトの強みを間違えない

　強みをつくるとき、わざわざ「差別化しよう」と考える必要はありません。なぜなら、**差別化はMVVからでき、それは唯一無二だから**です。安易な事業の多角化はこの点を見落としていることが少なくありません。たとえば、「もみほぐし」でマッサージ店を始めたのに、もみほぐしの延長にあるからと、ヘッドマッサージや脱毛に手を伸ばしているようなものです。

　たとえニーズがあったとしても、MVVとの一貫性がなければ手を出すべきではありません。なぜなら、一貫性が出ないからです。最初はうまくいっても、いずれほころびが出てくるでしょう。「脱毛がうまくいきはじめたから、脱毛に強い社員を外部から引き抜いた。ところがその社員の発言力が強いために、その社員に合わせたサービスを考えてしまう」。こんなことが起こるのです。どんなときもMVVとの一貫性を中心に考えてください。

✕　流行っているから、○○もやろう

○　MVVと一貫性があるから、
　　○○をやろう

そのプロダクト、
フワッとしていませんか？

　すべての事業の成り立ちはプロダクトにあります。したがって、起業するときはMVVではなく事業から考えていくのが普通ですが、ブランディングにおいてはMVVが先です。ブランディングは起業後に行うことがほとんどで、起業時にするものではありません。例外は、前職である程度の実績を残し、「自分の物語をつくるんだ！」と独立するケースぐらいでしょう。そのため、ブランディングではMVVを先に考えられるのです。しかし、**創業者にプロダクトへのこだわりがないと、MVVは形になりません。** プロダクトの本質である「誰の、何を、どうやって解決するか？」がフワッとしていると、MVVもペラペラになってしまうのです。

　プロダクトは企業に利益をもたらす大切なものです。「やってみたい」とか「人に勧められて」では、中身のないプロダクトになってしまいます。実際、そのような例は少なくありません。それでも、自分が食べていく程度には成り立たせることが可能です。しかし、いつかほころびが出てきます。

　また、アイデアを思いついただけで実行していない場合も同様です。「きっと必要な人が多いはず」といった想像で止まっていては、プロダクトとは言えません。プロダクトが明確だと、MVVも明確になりやすいです。この視点であらためてプロダクトを見直してみましょう。

誰の、どんな課題を
解決するのか？

　前項で、プロダクトを見直す際の注意点を説明しました。ここではさらに具体的に考えてみましょう。自社のプロダクトに対して、**「誰の、どんな課題を解決するのか」**をあらためて言葉にしてみてください。プロダクトがズレていると、ターゲットがコロコロ変わってしまいます。たとえば、自立した女性を応援したいと思っても、それが自立したママなのか、自立した女性なのかで、解決する課題は異なります。もし一つのプロダクトに対してターゲットがいくつも思い浮かんでしまったら、そのプロダクトはあいまいと言えます。

　自分は誰の何を解決したいのか？　これがはっきりすると、その先にどんな展望があり、解決するにはどんな価値が必要なのか？など、**プロダクトに対してしっくりする言葉がどんどん出てくる**はずです。その過程で、必要だと判断したらMVVを見直すことも視野に入れましょう。

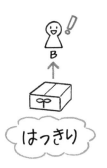

47

やりたいことか？
できることか？

　プロダクトの見直しについて、もう一つ補足をしておきます。プロダクトは自分の好きなことや、やりたいことではなく、自分にできることである必要があります。たいていの人は「こうなりたい」が先に来ますから、注意が必要です。

　やりたいことはただの憧れであり、想像や妄想の世界での話です。一方、**自分にできることはリアル**です。したがって事業にするなら、自分にできること。これを忘れないようにしてください。

　ただし、自転車に乗れる人がわざわざ「自転車に乗れるんだよね」と言わないように、「自分にできること」は意識していなかったり気づかなかったりすることが多いものです。その場合は、**「人生において、できなかったけどできるようになったこと」**という視点で棚卸しをしてみます。

　そのとき、自分よりもできる人と比べる必要はありません。3キロ痩せることに成功した人よりも、10キロ痩せた人のほうがすごいと思われがちですが、「10キロは厳しそうだけど、3キロだけでも痩せたい」人はいるものです。その層に対して、価値を提供することができるはずです。

プロダクトの強みをつくる 6ステップ

　プロダクトの強みづくりは次の6つの質問に答えることで行います。①顧客の抱える課題は何か？　②顧客はどうありたいか？　③顧客に約束できる未来は何か？　④顧客に約束できる価値は何か？　⑤なぜ、提供可能か？　⑥実現可能なために何を提供するのか？　実際にダイエット事業を例に考えてみましょう。**この6つが言語化されたときに**、強みが生まれている状態となります。

①顧客の抱える課題は何か？	→ 痩せたい
②顧客はどうありたいか？	→ 痩せてモテたい
③顧客に約束できる未来は何か？	→ モテるような痩せ方
④顧客に約束できる価値は何か？	→ マイナス10キロ（機能的ベネフィット）と、自信がつく（感情的ベネフィット）
⑤なぜ、提供可能か？	→ 自身もこの方法で痩せ、10年で100件以上のクライアント実績があるから（根拠や実績）
⑥実現可能なために何を提供するのか？	→ パーソナルトレーニング（具体的な商品・サービスや値段）

49

プロダクトを読む

　ラフスタイルのプロダクトは、「**集客・採用で困っているお客様の苦労の中から宝を見つけ出し、磨き上げて表現すること**」です。それをもとに、企業ブランディング・Webデザイン・グラフィック・広告まで行い、ブランド価値向上へつなげています。以前はイベント業をはじめ、さまざまな事業に取り組んでいましたが、本当に自分たちが解決したいことは何なのか？を掘り下げた結果、今の事業内容に至りました。その上で、6つのステップに沿って、**強みづくりを行っています。**

①顧客の抱える課題は何か？	→ 集客や採用で人が集められない
②顧客はどうありたいか？	→ 他社と差別化し人が集まる
③顧客に約束できる未来は何か？	→ 苦労の中からこだわりを見つけ出し、それを表現して世界に伝える
④顧客に約束できる価値は何か？	→ こだわりをもとにしたデジタルクリエイティブ（機能的ベネフィット）／苦労がこだわりに変わり、感動と喜びが産まれる（感情的ベネフィット）
⑤なぜ、提供可能なのか？	→ 自分自身の実体験から、苦労の中に感動できるお宝があり、それを共有することができるから
⑥実現可能なために何を提供するのか？	→ 顧客の課題に合わせたデジタルクリエイティブ

④ ▶ 畑に区画をつくる

セールス

畑を耕したら、作物ごとの区画をつくります。
ブランディングにおける区画とは、
セールス、マーケティング、リクルーティングの3つ。
この3つの区画をつくることで、基盤を整える作業は完了です。
まずはセールス区画を見ていきましょう。

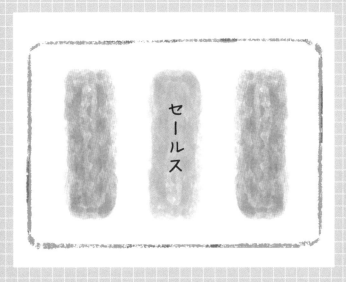

セールスとは

　セールスとは、買おうか迷っている（必要としている）人に買ってもらうための行動です。つまり**顕在顧客が対象**です。このような顧客は自身のニーズを把握し、さらにそのニーズを解消する商品やサービスがあることも知っています。だから、自分から行動する＝欲しいとやってきます。

　そのような人たちに対して、適切な手順を踏んで購入してもらうのがセールスというわけです。セールスにはさまざまな方法があります。これが絶対と言い切れるものでもありませんが、本書では購買時の心理からひもといていきます。それは「5つの不」を解消すること。人間が何かを買うとき、5つの「不」があると言われています。それを一つずつ解消することで、購買につなげていきます。

セールス
＝
欲しい！人（顕在顧客）に
アプローチ

5つの不を解消する

　5つの不とは、①**不信**　②**不安**　③**不満**　④**不適**　⑤**不急**のことです。これらの不を1つずつ解消していくと売れる、というわけです。①最初に来るのは「不信」です。知らない人よりも信用している人からオススメされるほうが話を聞いてくれるようになります。②信用されたら今度は「本当に大丈夫？」という不安が出てきます。その不安を取り除きます。③そして安心すると、「こんなところが気になるんだけど」といった不満を話してくれるようになります。④その不満を解消すると、今度は「これ、解決できるかな？」という気持ちが現れます。⑤これが最適だと認識すると、最後は「今すぐ必要かな？」が出てくるので、「今ですよ」と背中を押すのです。顧客によってはすでに④不適や⑤不急のステップにいるケースもあります。いずれにせよ、このように段階に分けて考えることが重要です。

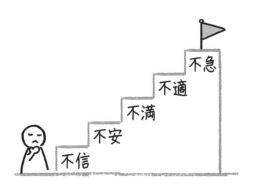

セールスを読む

——ラフスタイルの事例

　ラフスタイルのプロダクトを必要としているのは、**発信や行動をしているが、集客や採用に効果が出ずに悩んでいる企業**です。

　以前のラフスタイルでは、つくって納品することが仕事のゴールになっていました。そのため、広報物に不満や悩みを抱えている人を顧客にし、その根底にある本質的な悩みを解決するという部分に考えが至っていなかったのです。つまり、顧客像があまり明確になっていなかったわけです。

　しかし、数多くの制作を手がける中で、これでは結局、本当の顧客満足にはならないことを痛感。お客様の本質的な課題を解決するにはどうあるべきなのか？という部分に向き合うように意識が変わっていきました。現在のラフスタイルでは、集客や採用に効果が出ずに悩んでいる企業の5つの不を次のように設定しています。

顕在顧客の5つの不

不信……　誰に相談するのが的確か
不安……　話を聞いてもらえるか不安
不満……　手段が合っているか
不適……　何が必要なのかわからない
不急……　いつすべきかわからない

⑤ ▶ 畑に区画をつくる

［ マーケティング ］

次の区画は、マーケティングです。
セールスはすでに欲しいと思っている人に
買ってもらうための方法でした。マーケティングは、
まだ自分のニーズがわかっていない人に知ってもらう活動。
つまり、必要に応じてセールスの前に行う活動です。

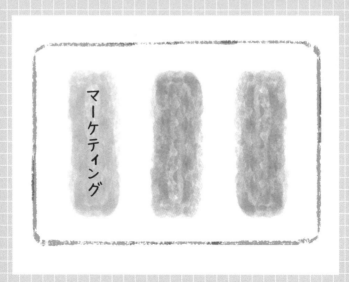

マーケティングとは

　マーケティングは、自分に何が必要か迷っている人に対して知ってもらうための活動です。あくまでも顧客の課題解決までの動線整備であり、「自分たちを知ってほしい」というPRだけではありません。

　セールスが対象にするのは顕在顧客、すでに商品やサービスが必要だと把握している人たちでしたが、マーケティングでアプローチするのは**潜在顧客**です。潜在というのは顧客に「なりうる」ということなので、「まだ知らない」人だけでなく、「知っているけどなんらかの理由で行動にまで移していない」人も対象になります。セールスと同様、マーケティングにおいてもステップが存在します。

```
マーケティング
    ‖
欲しい？人（潜在顧客）に
    アプローチ
```

集客する5つのステップ

　マーケティングにおける5つのステップは、**認知、興味、行動、比較、問い合わせ**です。この5つは大きく認知、感情、行動の3つに分けられます。まずは認知してもらい、感情に訴えかけ、行動に移してもらうわけです。知らない人の注意を引き、興味がない人の関心を引き、興味を持っても調べない人の欲求を刺激し、検討の余地に入れてもらう（比較されるようにする）。そして最後に問い合わせしてもらう。

　セールスと同様に、すでに比較や問い合わせの段階にいるケースは考えられますが、認知されれば問い合わせにつながる、というわけではありません。それぞれの心理に合わせた施策をすることで、最後の問い合わせにつなげていくことが求められます。

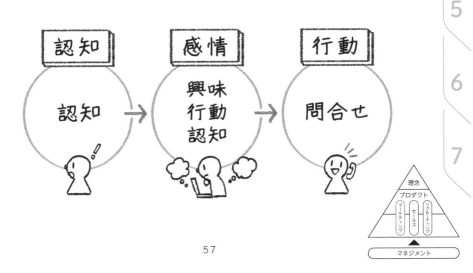

マーケティングを読む

──ラフスタイルの事例

　ラフスタイルの潜在顧客、アプローチしたいお客様は、**発信や行動はしているものの、集客や採用の効果や納得度がいまいちな企業**です。

　以前のラフスタイルは、現在のホームページに不満を感じている、または何か新しいことを始めるのでホームページやパンフレットが必要だという顕在顧客を想定していました。しかしそれでは、自社と他社を比較しても、ちょっとした見た目や価格の違いにしかならず、差別化にはつながらないと感じていました。もっと、自社の差別化を図りたいと考えていたのです。

　というのも、昔は代理店からの二次受け（下請け）の割合が高く、一次受けは紹介がほとんど。時代の変化にともなって、一次受けを強めないといけない状態になったとき、自社の差別化がないことが問題となったのです。差別化をどこでするのか？という課題がより明確化され、アプローチするべき顧客も変わったのです。

潜在顧客の行動

認知 …… SNS・YOUTUBE・広告・紹介
興味 …… 実績・手段
行動 …… 記事・ブログ
比較 …… 見積もり・資料請求
問い合わせ …… 問い合わせ・無料相談

⑥ ▶ 畑に区画をつくる

［ リクルーティング ］

最後の区画はリクルーティングです。
セールスやマーケティングと比べると、
少し違う活動に思えるかもしれませんが、
実はセールスやマーケティングと同じような心理プロセスに
もとづいて人を集め、背中を押すことが必要です。

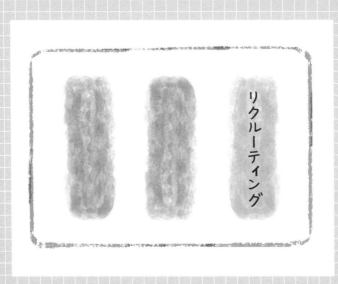

リクルーティングとは

　リクルーティングは採用活動のことですが、誰を採用しても
いいのではなく、**同じ志を持った仲間を集めること**を言います。
ブランディングでは応援してくれる人を増やすのが目的でした
が、それは顧客に限りません。一緒に働く人にも、「ここで働
きたい」と選んでもらうことが必要なのです。

　「プロダクト」の項でも触れましたが、採用するときは、プロ
ダクトに従業員を集めると考えてください。「商品開発にくわ
しい人」「マーケティングに実績がある人」といった人ありき
の観点で選んでしまってはいけません。結果的に、従業員の能
力に合わせたプロダクトづくりをしてしまいかねません。

× 人にプロダクトを合わせる
〇 プロダクトに人を合わせる

セールス、マーケティングと方法は一緒

セールス、マーケティングはプロダクトを提供する顧客にアプローチしましたが、リクルーティングは**プロダクトを扱う求職者にアプローチ**します。対象こそ異なりますが、基本的な考え方は同じです。つまり、自社のプロダクトをすでに知っている人ならセールス的なアプローチ、まだ知らない、または知っているけど行動にまで移していない人にはマーケティング的なアプローチを行います。簡単に言えば、最後の「購入」が「採用」に、「問い合わせ」が「応募」に変わっただけです。

ここに
応募したい！　　→　セールス的
　　　　　　　　　　アプローチ

どこが自分に合うか　→　マーケティング的
わからない　　　　　　アプローチ

61

リクルーティングを読む

——ラフスタイルの事例

　ラフスタイルが求めるのは、**人の苦労に感動する人、それを世の中に発信したい人**です。以前は、人からの紹介やハローワークからの採用などを行っていました。しかしそれでは、自分たちが欲しいと思う人材に出会うことはむずかしく、採用に至らなかったり、採用しても社風に合わずやめてしまうことが続きました。欲しい人材の人物像が明確でなかったからです。これが明確になると、どのように募集し、面接して採用までつなげるかがはっきりしました。

募集

認知 …… SNS・YOUTUBE・広告・紹介

興味 …… 実績・手段　　　　　行動 …… 記事・ブログ

比較 …… 質問・説明会参加　　問い合わせ …… 応募

面接

不信 …… この会社で大丈夫か　　不安 …… 人や会社はどんな感じか

不満 …… 雰囲気が自分に合っているか　不適 …… 仕事内容はイメージできるか

不急 …… 仲間になれるか

⑦▶ 人・物・お金を活かす

マネジメント

土地を整備し、畑の区画も整理しました。
あとはいよいよ種を植える、実際に行動を移していくだけですが、
その前に、収穫物を大きくしていくために
知っておきたいのがマネジメントです。一人で起業したときは
マネジメントの概念は不要かもしれませんが、
ビジョン実現のために会社を拡大していく過程で、
マネジメントの概念は欠かせません。

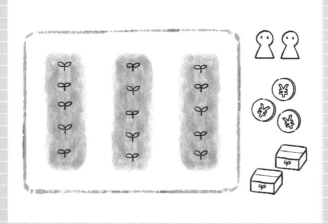

組織を知る

　マネジメントをするには、組織を知っておくことが必要です。ここでは、そもそも組織とは何か？を解説します（組織の役割については第5章で説明します）。

　下図のように、組織をピラミッドとして考えると、頂点にあるのは理念（MVV）です。ここに企業活動であるプロダクト、セールス、マーケティング、リクルーティングがあり、この４つをマネジメントする、という形です。MVVは目的、目標であり、企業のあり方や方向性を示します。プロダクト以下の各活動は、MVVを実現するための戦略と戦術を担っているというわけです。**本書はブランディングの本であり、経営学の本ではありません。**したがって、ブランディングにおいては、この形で組織を理解しておきましょう。

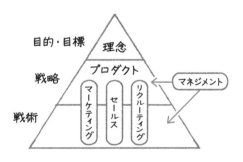

マネジメントとは

　マネジメントは経営資源をうまく活用すること。**経営資源とは、人、物、お金**です。プロダクト、セールス、マーケティング、リクルーティングに対して、経営資源をどのように活用し、生産性を上げていけばよいか？を考えます。

　マネジメントがないとどうなるでしょうか？　商品開発の責任者が「もっと人やお金を出してくれ」と言えば、採用の責任者は「いや、今は人手が足りないから採用にお金をかけるべきだ」と言うかもしれません。限られた予算の中で、どのように資源を使っていくべきなのか。それを考え、まとめるのがマネジメントです。マネジメントが最適化されていれば、各部署の人たちは自分たちの仕事に集中することができます。マネジメントは組織全体を統括する大切な役割を担っています。

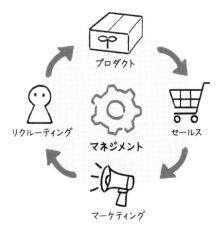

マネジメントの仕事

　マネジメントが機能することで、人材を活かすことができてプロダクトの質が高まり、プロダクトの質が高まればお金が増え、お金が増えればまた人材に活かすことができます。

　つまり、**最初に経営資源を投入する対象は「人材」**です。どこに人材が必要なのか？を考え、採用や育成をすることでプロダクトの質が上がるのです。プロダクトの開発に必要なのか？それともセールスか？　全体を見渡して判断していくので、会社の規模が大きくなるほど、専任が必要になります。

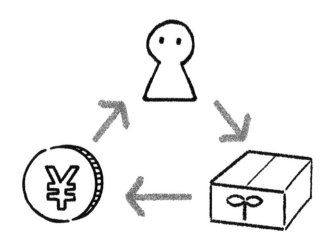

0

1

2

3

4

5

6

7

CASE STUDY

マネジメントを読む

──ラフスタイルの事例

規模が小さい間は社長＋責任者

　ラフスタイルでは、経営者と各部署のリーダーが一緒になって、経営資源を活用しています。たとえば、人に対しては、社長＋各部署のリーダー（たとえば、セールスの責任者）、プロダクトに対しては、社長＋ディレクター（プロダクトの責任者）、お金に対しては社長＋経理、といった具合です。

　もともとは社長のみでこれらを実施していました。しかし、規模や人数が増えるにつれてやるべきことは膨大になります。すると、一人で組織を見渡し、なおかつ現場の意見を把握して、そのつど適切なマネジメントをするのはむずかしくなります。そのため、現在の「**社長＋責任者**」という流れになりました。

いずれは独立した部署に

　会社の規模を拡大していくにあたって、最終的にはマネジメントは独立しているのが理想です。ただし、規模が小さい場合は経営者だけ、または経営者と各部署のリーダーが相談して決めていくことになります。ラフスタイルも現状ではこうなっていますが、ゆくゆくは**マネジメントとして独立したチーム**を組織していきます。

理念
プロダクト
マーケティング　セールス　リクルーティング

マネジメント

テーマは「企業づくり」

言語化する

①創業の歴史

・なぜ、始めたのか?

・なぜ、この事業を選んだのか?

②理念

・企業理念は「なぜ、やるのか?」

・経営理念は「どう経営していくのか?」

・企業理念はMVVの3つ

・Missionは使命、Visionは展望、Valueは価値基準

・ビジョンの実現が最も大事

プロダクトを強化する

③プロダクト

・「誰の、何を、どうやって解決するか?」に答える商品やサービスのこと

・強みは6つの質問に答えると生まれる
  (1) 顧客の抱える課題は何か?
  (2) 顧客はどうありたいか?
  (3) 顧客に約束できる未来は何か?
  (4) 顧客に約束できる価値は何か?
  (5) なぜ、提供可能か?
  (6) 実現可能なために何を提供するのか?

セールス、マーケティング、リクルーティングの流れを知る

④セールス

- 買おうか迷っている人に買ってもらうこと
- 5つの不（不信、不安、不満、不適、不急）を解消する

⑤マーケティング

- 何が必要か迷っている人に対して知ってもらうこと
- 認知、興味、行動、比較、問い合わせの5つの段階がある

⑥リクルーティング

- 求職者に「ここで働きたい」と選んでもらうこと
- 「ここに応募したい！」人にはセールス的アプローチ、「どこがいいかわからない」人にはマーケティング的アプローチをする

経営資源の活かし方を知る

⑦マネジメント

- 経営資源をうまく活用すること
- 人材→プロダクト→お金のトライアングルを意識する

第2章
収穫量を決める

目標を決める

POINT

　農業の基盤となる土壌と畑が整いました。土を育て、作物を植える区画も整備し、畑を運営するのに必要な経営資源も理解しました。ここからが行動です。行動するには何が必要でしょうか。そう、目標設定です。どの区画に何を植え、どのくらい収穫しようか？　どのくらいの売上を上げようか？　そのためには何人集めるべきか？　ブランディングでも同じように具体的な目標を立てていきます。

目標を設定する

・**中長期の目標を決める**

・**プロダクトの売上目標は？**

・**目標達成のためにどのくらいの購入が必要か？**

・**目標達成のためにどのくらいの顧客が必要か？**

・**顧客対応と組織運営にどのくらいの人が必要か？**

① ▶ 収穫量は どうやって決める?

目標とは?

収穫量は畑のサイズによって決まります。
「この畑からどのくらい収穫できるだろうか?」を考え、
そのために必要となるそれぞれの区画での収穫量を決めます。
ただやみくもに目標を決めるのではなく、
全体から細部に区切って考えていくのです。

目的と目標は何が違う？

　最初に「目標」について考えてみましょう。似たような言葉の「目的」とは何が違うのでしょうか。まず、目的は**最終的に到達したいゴールのこと**を言います。「最終的に」がポイントです。そもそもゴールがないとどこにも行けません。また、ゴールの設定が間違ってしまうと、本来のゴールからどんどん遠ざかってしまいます。

　企業経営におけるゴールはビジョンの実現です。その道のりはとても長くて大変です。ゴールだけでは、どのように進めばいいかもわかりません。そこで、**ゴールに至る目印（指標）**が必要になります。それが目標です。目的＞目標になります。

定性と定量の違い

　目的と目標の違いを理解したら、定性と定量の違いも押さえておきましょう。定性とは「**数値化できない**」、定量とは「**数値化できる**」と覚えておいてください。「地域でナンバー1になる」は数値化できないので定性的な目標、「売上1億円」は数値化できるので定量的な目標となります。従業員はビジョンだけでは行動できません。行動に移すためには、定量的な目標を設定しなければならないのです「地域でナンバー1」よりも「売上1億円」のほうが、具体的な行動がイメージしやすくなります。

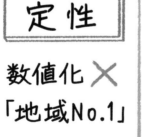

目標いろいろ

　最終的な目的であるビジョンの実現に向けて、指標となる目標を設定するわけですが、その際、中長期の目標（3〜5年）と短期の目標（1年）をそれぞれ設定します。中長期の目標は**会社全体の目標**になり、短期の目標は**チームの目標**になります。

　中長期の目標は、経営理念のことです。「どうやって経営していくか？」を表す経営理念は、中長期の目標設定のことなのです。そして、その目標を達成するために、プロダクトやセールス、マーケティング、リクルーティングの目標を決めていくのです。

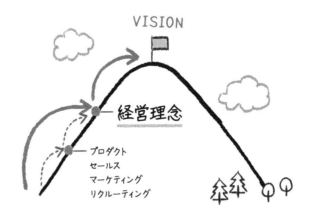

②▶ 区画ごとの
収穫量を決める

目標を設定する

では実際に目標を設定していきましょう。
中長期の目標である経営理念、
経営理念を達成するために
プロダクト、セールス、マーケティング、
リクルーティングの目標を決めます。

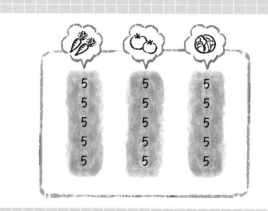

経営理念を決める

　経営理念は中長期の目標のことでした。3〜5年で達成したい目標を掲げることで、「まずはここを目指そう」と考えることができます。そのとき、定性、定量の両方の目標を掲げます。**目標は定量になってはじめて行動になる**からです。

　たとえば、都内の不動産賃貸業で考えてみましょう。「港区ナンバー1」と「FC展開」を掲げたとします。これは数値化できないので定性的な目標です。そこで、それぞれ定量的な目標を掲げるとしたら、「成約数が○○件」「都内10店舗に広げる」などになります。これが会社単位の目標、経営理念です。

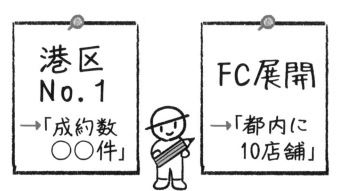

経営理念を読む

　現在のラフスタイルの経営理念、つまり中長期の目標（3〜5年）は次のとおりです。定性は、**中小零細のCMOとなること**。定量は、**採用と集客において、こだわりを宝に変えるデジタルクリエイティブを年間85件受託（Web制作）**。ブランディングの過程で、あらためて見つめ直したビジョンの実現に向けた、最初の中長期目標です。

　ブランディングは時間をかけて進めていくものです。したがって、中長期の目標は非常に重要ですが、以前は制作をゴールと考えていたので、よりいい制作物をつくる会社を目指していました。つまり、定性、定量と明確な目標を掲げていなかったことになります。それに加えて、お客様の課題解決の視点も欠けていました。順調に単価は上がり、売上も増えていき、創業時に比較すると4倍近くの売上規模となっていました。しかし、売上の増加に比例して、はたしてこれは顧客満足度につながっているのか？という疑念も増えていったのです。

　ちなみに現在の目標は、ブランディングをすることで1件の案件価格が2〜3倍に変化し、社内人数と体制を拡大させることを想定し算出しています。ブランディングは企業の根幹部分にも関わることなので、単発の関係性では終わらず、伴走型での関わり方が増えていくとになることも考慮しています。

0

1

2

3

4

5

6

7

プロダクトの目標を決める

　経営理念が決まったら、次はプロダクトの目標です。プロダクトは会社に利益をもたらすもの、つまり経営理念を達成する直接的な要素です。プロダクトの目標となるのは、「**どのくらいの売上を目指すか？**」。**売上は商品単価×購買数で求められますが、この数字を1年間で達成するかを決めます。**売上目標は大きければ大きいほどいいと思いがちですが、続くセールス、マーケティング、リクルーティングの目標設定が現実的ではなくなります。最低限「損益分岐点を超えるにはいくら必要か？」と考えてみてください。

　そして売上目標が決まると、その売上を達成するために何件売るか（セールス）、顧客を何人集めるか（マーケティング）、同じ志の仲間を何人集めるか（リクルーティング）が決まります。

$$売上 = 商品単価 \times 購買数$$

79

プロダクトの目標を読む

──ラフスタイルの事例

　1年の目標は、Web制作においては受託件数28件（そのほか
プロダクトごとに目標件数あり）。中長期の定量的な目標が、
Web制作においては年間受託件数85件で、現在の会社の規模
から考えると、1年で28件の件数が必要と算出しました。

　以前はWeb制作では規模の小さいものを月に5〜6本が目標
でした。ブランディングを強化することで、案件規模が大きく
なり、その結果、数よりも質を高め、月の本数を減らしていま
す。Web制作以外にもMVVや経営理念づくり、パンフレット
や広告制作などのアウターブランディングの仕事も関連して増
えています。今後は、社員数や組織を拡大し、**3〜5年で年間
85件のWeb制作受託規模を目指す**という形です。

1年の目標を達成するために

・Web制作　28件

・更新管理

・グラフィック（ロゴ、パンフレットなど）　50件

・SNS／WEB広告　60件

・SNS運用　10件

・ブランディング（経営理念、ビジョンイメージづくり）　5件

0

1

2

目標とファネル

3

　会社単位の目標である経営理念を決め、続くプロダクトの目標が決まったら、次はセールス、マーケティグ、リクルーティングの目標を決めます。プロダクト同様、短期（1年）の目標になりますが、部署を構成する個人にとっては、まだ大きな目標です。つまり、**行動に移せる目標を設定する**必要があります。そのときに役立つのがファネルという考え方です。

4

　ファネルはマーケティングで活用されます。顧客が商品やサービスを認知し、購入に至るプロセスを表したもので、認知が最も広く、購入に近づくにつれてその数が減っていきます。

　ただ、活用方法はマーケティングに限りません。目標をファネルのフェーズごとに細分化することで、それぞれに適した施策を考えるときに有効だからです。

5

6

7

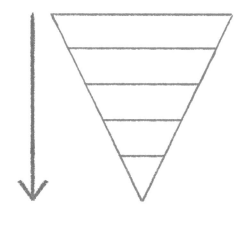

セールスの目標を決める

　セールスの目標は、「（**プロダクトの売上を達成するために**）**どのくらいの購入が必要か？**」を基準に考えます。セールスでは5つの不（不信、不安、不満、不適、不急）を解消することで購買につなげますが、この5つの不をファネルに落とし込みます。すると、各フェーズでどのくらいの目標数が必要か、が明確になるというわけです。

　たとえば、100万円の売上が目標で、1万円のプロダクトを扱っているとしましょう。すると、購入数は100個が必要です。もし成約率が10パーセントなら、100個を購入してもらうためには1000の問い合わせが必要です。そして各フェーズで何人の見込み客が必要なのか？を想定するのです。

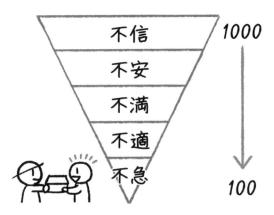

〈 100個の購入を目指す 〉

不信　1000

不安

不満

不適

不急　100

セールスの目標を読む

——ラフスタイルの事例

　ラフスタイルのプロダクトの目標が1年で28件なので、**セールスにおける契約数も28件**になります。この28件を目標にすると、どのくらいの問い合わせの数が必要か？を計算し、各ファネルの目標を入れていきます。

　以前のラフスタイルは二次受けが多い会社だったので、受け身での営業受注スタイルでした。そのため、具体的な問い合わせの数を決めていなかったのです。一次受けを強化するにあたり、明確な目標を定めることができるようになりました。

Web制作成約28件を目指すために

不信 ……	問い合わせの数	120
不安 ……	商談の数	80
不満 ……	提案の数	56
不適 ……	調整の数	40
不急 ……	契約数	28

マーケティングの
目標を決める

　マーケティングの目標は、「(**プロダクトの売上を達成するために) どのくらいの顧客が必要か？**」を基準に考えます。マーケティングでは認知、興味、行動、比較、問い合わせの5つのステップがありました。これもセールスと同様に、ファネルに落とし込みます。

　たとえば、1000件の問い合わせを目標に設定したとします。そのためには、いったいどのくらいの認知が必要なのか？　もしコンバージョン率（何かしらの行動をとった人の割合）が1パーセントなら、認知の段階で10万人にアプローチしなければなりません。そして、興味、行動……と数字を入れていきます。

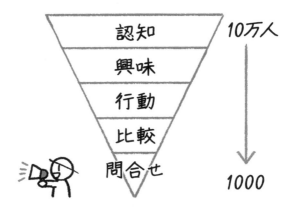

〈 1000件の問合せを目指す 〉

認知　10万人
興味
行動
比較
問合せ　1000

CASE STUDY

マーケティングの目標を読む

——ラフスタイルの事例

セールスの問い合わせ数120を達成するために、どれだけの認知を取れるか？を決めます。すると、少なくとも**ホームページへのアクセス数が1万2000必要**です。そこから実際に読んでもらうには7200……と決めていきます。

こちらもセールス同様、受け身のスタイルだったので、それまではセールスの目標を達成するためには、どれだけの認知を取ればいいか？という視点で目標を設定してきませんでした。このように数字にすると、このあとに出てくる行動も明確化されます。

120件の問い合わせを獲得するために

認知 ……	アクセス数	12000
興味 ……	読み進めた数	7200
行動 ……	コンテンツを見た数	6000
比較 ……	資料請求の数	300
問い合わせ ……	問い合わせ数	120

リクルーティングの
目標を決める

　リクルーティングの目標は、「**顧客対応と組織運営をするのにどのくらいの人数が必要か？**」を基準に考えます。リクルーティングでは、場合によってはセールスファネル、マーケティングファネルの両方で目標を設定することが求められます。

　たとえば、100の顧客に対応するために10人が必要なことがわかったら、10人を採用するには何人の求職者が必要なのか、そのためには何人の問い合わせが必要なのか……といった具合です。

〈 10人の採用を目指す 〉　　〈 1000人の問合せを目指す 〉

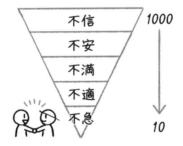
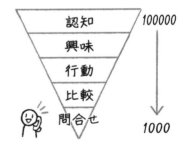

リクルーティングの目標を読む

——ラフスタイルの事例

　ラフスタイルのリクルーティングに関しては、**採用の数を5名**にしました。これは中長期の目標である年間85件受託（Web制作）に対してです。そのため、現状では1名程度の採用を見越しています。

　採用に関しては、これまでも同等の採用規模で進めてきましたが、すでに触れたとおり、紹介やハローワークなどでの募集が中心で、積極的な採用活動という形ではありませんでした。同じ1名を採用するにしても、求める人材像は大きく異なります。

5人を採用するために		
不信 …… 応募の数	50
不安 …… 商談の数	40
不満 …… 提案の数	20
不適 …… 調整の数	8
不急 …… 採用の数	5

50人の問い合わせを獲得するために		
認知 …… アクセス数	8000
興味 …… 読み進めた数	5000
行動 …… コンテンツを見た数	4000
比較 …… 資料請求の数	100
問い合わせ …… 応募の数	50

テーマは「目標づくり」

目的と目標の違い

①目標とは？

- ・目的は最終的なゴール＝ビジョンの実現
- ・目標はビジョン実現のための指標
- ・定性は数値化できない、定量は数値化できる
- ・定量的な目標になってはじめて行動できる
- ・中長期の目標（3〜5年）＝経営理念
- ・短期の目標（1年）＝プロダクト、セールス、マーケティング、リクルーティング

目標を決める

②目標を決める

- ・経営理念を決める
  →中長期（3〜5年）で達成したい目標は？
- ・プロダクト
  →短期（1年）でどのくらいの売上が必要か？（損益分岐点を基準に考える）
- ・セールス
  →（プロダクトの売上を達成するために）どのくらいの購入が必要か？
- ・マーケティング
  →（プロダクトの売上を達成するために）どのくらいの顧客が必要か？
- ・リクルーティング
  →顧客対応と組織運営をするのにどのくらいの人数が必要か？

※ファネルを活用する

セールス、マーケティング、リクルーティングは1年の目標をさらに細分化することで、具体的な行動に落とし込みやすくなる

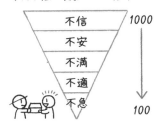

〈 100個の購入を目指す 〉

不信
不安
不満
不適
不急

1000

100

・セールスのファネル
　→成約のためには、各フェーズでどのくらいの目標数が必要か？

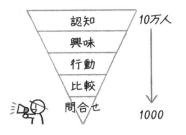

〈 1000件の問合せを目指す 〉

認知
興味
行動
比較
問合せ

10万人

1000

・マーケティングのファネル
　→必要な問い合わせの数を達成するには、各フェーズでどのくらいの目標数が必要か？

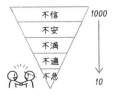

〈 10人の採用を目指す 〉

不信
不安
不満
不適
不急

1000

10

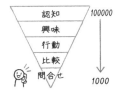

〈 1000人の問合せを目指す 〉

認知
興味
行動
比較
問合せ

100000

1000

・リクルーティングのファネル
　→必要な募集、応募をそれぞれ達成するために、各フェーズでどのくらいの目標数が必要か？

第3章
種を植える

価値を組み込む

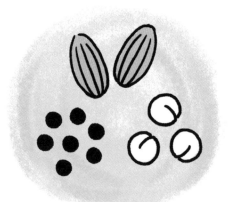

POINT

　土壌と畑を整え、各区画でどれくらいの収穫量を目指すか決めました。次は、その目標に向けて種を植える段階です。ブランディングでいうと、それは戦略・戦術づくりにあたります。のちほど説明しますが、**この工程がブランディングにおける真骨頂と言っても過言ではありません。**

戦略・戦術づくりの流れ

・経営理念＝中長期の目標＋戦略＋戦術

・中長期の目標を達成するために、やること／やらないこと（＝戦略）を決める

・セールスの手順（＝戦術）をつくる

・マーケティングの手順（＝戦術）をつくる

・リクルーティングの手順（＝戦術）をつくる

① ▶ 種を植える

戦略をつくる

行動するには戦略と戦術の2つが必要です。
戦略という大きな方向性を決め、
戦術という具体策を講じるのです。
戦略と戦術の違いを確認し、
まずは戦略から決めましょう。

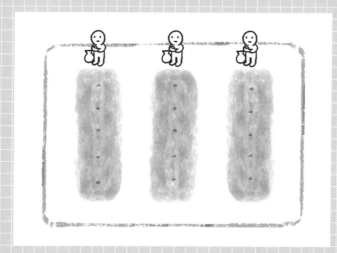

経営理念 ＝ 目標 ＋ 戦略 ＋ 戦術

　第2章で、経営理念は中長期（3〜5年）の目標と説明しました。しかし、経営理念は目標を決めるだけではありません。ここで説明する**戦略と戦術を決めてはじめて完成**します。戦略と戦術のくわしい説明は後述しますが、中長期の目標を達成するために、大きな方向性を決め（戦略）、その中でどう戦うか（戦術）を決めること。つまり、当面の目標と、その目標を達成するための行動がセットになっていなければならないのです。

　目標→戦略→戦術。ここでも一貫性が重要です。

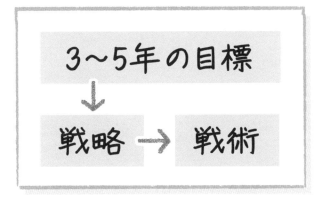

戦略と戦術の違い

　戦略は戦いを略するという文字どおり、**何をして何をしないか、という方向性を示す**ものです。そのため、長期的な方針になります。たとえば、自社のプロダクトに対して、フロー型ビジネス（売り切り）と、ストック型ビジネス（継続購入）のどちらでいくのかを決めるのも戦略です。もし継続購入を増やす方針に決めたら、期待した売上が上がらないからといって数カ月で売り切り型にシフトしまってはいけません。長期的な方針ですから、進もうと思っている方向がコロコロ変わってしまっては、どこにも到達できません。

　戦術は**戦略で決めた領域での戦い方**です。短期的な行動の実施や振り返りなどがそれに当たります。ストック型ビジネスで進めようと決めたら、リピーターを増やす具体策を考えるはずです。したがって、「初回購入20％引き」ではなく、「年間購入で20％引き」といった施策を実施することになります。

戦略を決める

　戦略は長期的な方針です。その舵取りはむずかしく思えるかもしれませんが、基準はシンプルです。**MVVにのっとっているかを意識**すればいいのです。「みんながお金に困らない世界をつくりたい」というビジョンのもと、お金の知識を大切にし、正しい知識を吸収し、伝えることを大事にしている会社の場合（39ページ）、どのような領域で戦うべきでしょうか。SNSでファンをつくることを方針とするか。それとも、スクール事業といった教育に力をいれていくべきでしょうか。いずれにせよ、自社のMVVをあらためて確認し、流行りや目先の売上にとらわれないことが重要です。

戦略を読む

——ラフスタイルの事例

ラフスタイルの戦略

　ラフスタイルではすることを「**採用と集客**」とする一方で、新規事業の立ち上げサポートや業務改善、DXなどは行わないと決めました。これらは企業の抱える悩みで最も多いのですが、ラフスタイルがこれまでやってきた中で採用と集客が最も関連性が高いものでした。そして、こだわりを宝に変える上で、影響が出やすいのが採用と集客であり、また、現在の顧客でもこの問題をほとんどの顧客が抱えているため、この2つに絞りました。

ラフスタイルの戦術

　戦略が決まると、会社としての戦術まで決まります。そして会社としての戦術が決まると、各チームの戦術も決まります。ラフスタイルでは、戦術をデジタルクリエイティブとし、イベントや動画制作、商品開発支援、モニタリングは行わないことにしました。社内リソースを集中させて知識と経験値の蓄積をしていくにあたり、本来自社で一番力を入れていて、こだわりを宝にする行動を体現できるデジタルクリエイティブを選択したわけです。

② ▶ 種を植える

戦術を決める

長期的な方針である戦略に対して、
短期的な具体策である戦術。
これはセールス、マーケティング、
リクルーティングの行動を決めることを意味します。
それぞれの行動は
どのように設計していけばいいでしょうか。

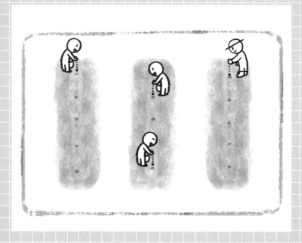

戦術にバリューと アクションを組み込む

　戦術とは、**手順＋マニュアル**と言い換えることができます。手順はざっくりした流れを表し、マニュアルは詳細な行動です。つまり、セールス、マーケティング、リクルーティング、それぞれで手順＋マニュアルをつくるのです。そして、この手順＋マニュアルは、ファネルの階層ごとに設定します。

　さらに、このとき非常に重要な作業があります。それは、手順＋マニュアルにバリューとアクションを組み込むこと。あらためておさらいしておくと、バリューは何に価値を置いているかという価値基準で、アクションはそれを体現するための行動基準でした。これを組み込むのです。これがブランディングに直結します。

※ミッション（使命／あり方）や、ビジョンは（展望／目指す場所）は行動に組み込むことはできません。顧客に今、提供できるバリューとアクションを手順に組み込みます。

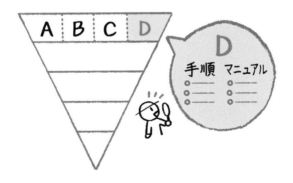

完成した経営戦略を読む

——ラフスタイルの事例

　ここまでの過程を経て、経営戦略は完成しました。3〜5年の中長期目標、会社としての戦略＋戦術です。ここでラフスタイルの経営理念としてまとめておきましょう。

　経営理念は「**中小零細のCMOとなる**」「**年間85件受託（Web制作）**」。そのための戦略は「**採用と集客**」、戦術は「**デジタルクリエイティブ**」。すること、しないことをはっきりさせ、できるだけシンプルに表現できることが重要です。

〈ラフスタイルの経営理念〉

定性の目標	定量の目標
中小零細のCMOとなる	年間85件受託(web制作)

▼
戦略「採用と集客」
▼
戦術「デジタルクリエイティブ」

セールスの戦術

　それでは手順＋マニュアルをつくっていきましょう。セールスでは、5つの不（不信、不安、不満、不適、不急）によってファネルを分けました。不に対して一つずつ、解消する行動を入れていきます。「〇〇を解消するには？」という問いへの答えが行動です。それぞれの不に対する解消方法は、いくつか考えられる場合もあるでしょう。**どんな行動を設計するべきか？**
　バリューとアクションをどう組み込むか？を意識しながら決めます。

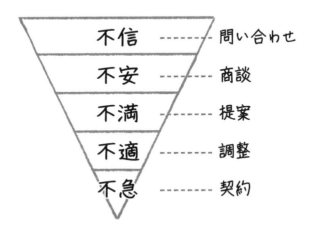

CASE STUDY

セールスの戦術を読む

――ラフスタイルの事例

　セールスの戦術を考えるとき、これまで行ってきたことも取り入れています。しかし、バリューとアクションを行動に組み込むという点でそれまでとは大きく異なります。

　たとえば、以前も実績資料は使っていましたが、あくまでも制作の実績資料であり、どんなこだわりを見つけ出し、それを形にしていったのかという点は記載していなかったのです。同様に、ヒアリングも行っていましたが、ヒアリング型などは用意せず、どのようなものをつくりたいのか？という点を中心にヒアリングを行っていました。

　以前はつくることがゴールでしたが、**目標、戦略、戦術が決まったことで、セールスの戦術も決まりました。**

不信 … 実績資料の提示、気持ちのいいあいさつ、事前に調査して興味を持った部分を聞く

不安 … 商品提供までの苦労を聞く、苦労について掘り下げる、想いについて聞く

不満 … イメージしやすいビジュアルで説明、今後の流れを資料で説明

不適 … ビジョンを見せる、未来像をイメージしてもらう、お客様の未来像についての想いを聞く

不急 … 目的を確認する、目標を擦り合わせる、スケジュールを確認する

マーケティングの戦術

　マーケティングでは、認知、興味、行動、比較、問い合わせ 5つのステップに分けてファネルをつくりました。それぞれの目標を達成するためには、どんな行動が考えられるでしょうか。マーケティングの場合は「○○をしてもらうには？」という問いへの答えが行動になります。ここでも、バリューとアクションをどう組み込むか？を意識してください。

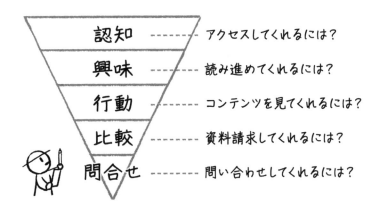

認知 -------- アクセスしてくれるには？

興味 -------- 読み進めてくれるには？

行動 -------- コンテンツを見てくれるには？

比較 -------- 資料請求してくれるには？

問合せ -------- 問い合わせしてくれるには？

マーケティングの戦術を読む

──ラフスタイルの事例

　マーケティングの戦術では、セールスにつなげる認知から問い合わせまでを設計しています。以前は二次受けがメインだったので、こちらから積極的に集客することはありませんでした。経営交流会などで企業経営者と交流を深め、つながりや紹介で増やしていくという形で仕事を生み出していたのです。

　ラフスタイルの潜在顧客は発信や行動はしているが、集客や採用の効果や納得度がいまいちな企業です。ここに対して、**認知の獲得から問い合わせに至る具体策**をつくりました。

認知 … 成功事例をSNSで発信、成功事例をWeb広告で配信、紹介者に成功事例をまとめた資料を渡す

興味 … 苦労を宝に変えた実績やストーリーをWebサイトに掲載

行動 … 苦労を宝に変えるための流れ、こだわりをビジュアルで表現し記事として紹介

比較 … Webサイトに掲載していない実例をまとめた資料を制作、資料請求受付窓口をWebサイトに用意、資料請求した方の情報を収集し、フォローの連絡を入れる

問い合わせ … 受付窓口の用意、メールで問い合わせを受け付ける、LINEで問い合わせを受け付ける

理念
プロダクト
マーケティング　セールス　リクルーティング
マネジメント

リクルーティングの戦術

　最後にリクルーティングの手順＋マニュアルづくりです。リクルーティングは必要に応じて「応募したいと思っている人」向けのセールスファネル、自分が何をしたいかわからない人向けのマーケティングファネルを使い分けるので、それぞれ行動設計を行います。

　ただし、ブランディングを進めると、「**ここで働きたい！**」**という人が集まってくるようになります。**マーケティングファネルを使わなくてもいい、という状態です。ここまで来ると、かなり成功しつつあると言えるでしょう。セールス、マーケティング同様、バリューとアクションをどう組み込むか？を忘れずに。

〈20人採用するには？〉

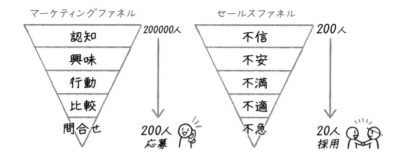

CASE STUDY

リクルーティングの戦術を読む

──ラフスタイルの事例

　「人の苦労に感動する人、それを世の中に発信したい人」を採用するために、どれだけの認知を獲得し、応募につなげ、採用していくか、を落とし込みました。

認知 …… 成功事例・コンセプトをSNSで情報発信、広告配信、紹介者に成功事例・コンセプトをまとめた資料を渡す

興味 …… 実績やストーリーをWebサイトに掲載

行動 …… 自社の歴史とビジョンを整理し、記事として紹介

比較 …… 自社の取り組みについての説明、報酬制度についての説明、成長ステップの説明

問い合わせ … 応募方法を資料とともに伝える、メールで応募を受け付ける、LINEで応募を受け付ける

不信 … 苦労をねぎらう、感謝と歓迎を伝える、今後の流れをていねいに伝える

不安 … 自社の歴史を伝える、自社のこだわりを伝える、自社のビジョンを伝える

不満 … 社員と面談を実施、仕事の内容や雰囲気を伝える、会社の魅力・将来のイメージを伝える

不適 … 会社の説明・面談をしての気づきを聞く、入社後のイメージを考えてもらう、入社後の自分がどんな役割を果たしていきたいか宣言してもらう

不急 … 入社後自分が達成したい目標を一つ考えてもらう、目標を発表してもらう、会社のビジョンと目標が一致していることを確認しあう

MVVは
浸透させるものではない

　ビジョンは従業員にとって遠いもの、だから小さな目標が必要だと説明しましたが、これは戦術においても当てはまります。

　MVVは会社を表すものなので、従業員もしっかり理解しているのが理想です。ところが、朝礼でMVVを唱和しても、評価制度に組み込んでもだいたい失敗します。経営者はMVVの重要性を説くのではなく、**バリューとアクションを手順の中に組み込む**ほうがブランディングがうまくいくのです。業務を遂行するための手順に組み込み、仕事をしていたら自然とMVVが体現できている。行動そのものがバリューの体現であるべきなのです。業界を問わず、大手はもれなくこれを徹底しています。

　これは顧客においても同様です。ブランド＝物語は、プロダクトをはじめ、セールス、マーケティング、リクルーティングなど、**すべてのタッチポイントからなんとなく感じられるものです**。私たちが商品やサービスを選ぶとき、その会社のMVVを意識することはほとんどありません。選ぶ理由が「なんとなく」でも「店内の雰囲気が好き」でも、知らず知らずに巻き込まれている。これが理想なのです。そのためにも、手順＋マニュアルにバリューとアクションを組み込むのです。

テーマは「戦略・戦術づくり」

戦略づくり

①戦略を決める

・戦略は、どこの領域で戦うのかという方向性。長期的な方針

・戦術は、戦略で決めた領域での戦い方。短期的な行動

・戦略を決める基準は、MVVに合っているか？

戦術づくり

②戦術を決める

・戦術とは手順+マニュアルのこと

・戦術にバリューとアクションを組み込む
　　→バリューは価値基準
　　→アクションは行動基準

※MVVは浸透させるものではない

・ファネルの階層ごとに手順+マニュアルをつくる

第4章
根を育てる

組織を育てる

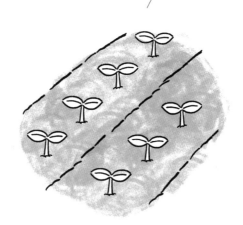

POINT

　土壌と畑を整え、各区画の収穫量を決め、種も植えました。次は、根を育てる段階です。根は作物にとって栄養を運び、育てる大切な存在です。ブランディングでいうと、企業にとっての根は、組織のこと。組織を育てるためには何をすべきなのか？　組織とはいったい何なのか？　一つずつ確認していきましょう。

組織づくりとマネジメントの流れ

・組織を理解し、個人の生産性を平均化する

・チームを理解し、個人の生産性を最大化する

・経営資源を活用し、会社全体の生産性を高める
　　→人材を活かし、物の質を高める
　　→物の質を上げて、資産を増やす
　　→増えた資産で、人材を育てる

① ▶ 根を育てる

組織を育てる

組織を育てるためには、適切な順番で理解する必要があります。
組織→組織を構成するチーム→チームを構成する個人です。
本書ではつねに全体から部分へ、を意識してきました。
部分最適を避け、全体のことから考えることが重要であり、
それがブランディング（物語づくり）において重要だからです。
では、組織の役割から見ていきましょう。

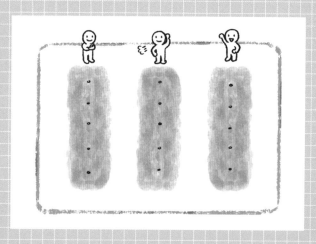

組織の役割は？

　組織は、各部署（チーム）が連携していてはじめて機能します。会社にはさまざまな部署がありますが、これらがバラバラのままではただの烏合の衆であり、組織とは呼べません。組織として機能するからこそ、企業のビジョンの実現に向けて、全員が一体となって行動することができます。

　では、どのような状態になれば、各部署が連携している＝組織として機能していると言えるでしょうか。それは、**個人の生産性が平均化されて**いること。組織に属する個人が、10点〜40点といったばらつきではなく**60点以上**になっている状態です。組織全体を俯瞰して見たとき、ウィークポイントやばらつきがあると、そのほかの部署にも影響を及ぼしてしまいます。ですから、まずは平均化することが大切なのです。

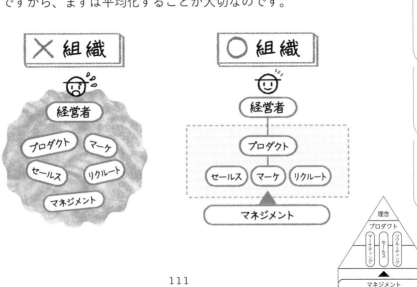

111

共通の目標、言葉、
感情をつくる

　個人の生産性を平均化するには、何をすればいいでしょうか。それは、3つの共通事項（目標、言葉、感情）を設計することです。共通の目標とは、「**目指す目標は何か？**」。共通の言葉とは、「**目標達成にふさわしい人は、どんな言葉を使うか？**」、共通の感情とは、「**目標達成のために、何に喜びを感じ、どんなときにどんな感情を味わうか？**」です。

　この3つを設計することで、属人性が薄れ、組織として全員が行動できるようになり、個人の生産性が平均化されるような環境ができるからです。この項目はブランディングにおいても非常に重要です。

　このことからもわかるとおり、**共通事項の設計は経営者の仕事**です。ここができていないと、マネジメントでとても苦労します。

共通の目標 …… 目指す目標は何か？
共通の言葉 …… 目標達成にふさわしい人は、
　　　　　　　　どんな言葉を使うか？
共通の感情 …… 目標達成のために、何に喜び
　　　　　　　　を感じ、どんなときにどんな感
　　　　　　　　情を味わうか？

※参考　人事部長ソヤマン　https://www.youtube.com/watch?v=JdjqT8WWW8Q

CASE STUDY

組織を育てるを読む

——ラフスタイルの事例

　ラフスタイルでは、下記のように共通の目標、共通の言葉、共通の感情を設定しています。これらを設計することで、個人の生産性を平均化しています。

共通の目標 … 気づかないこだわりを発掘し、ラフ（笑顔）スタイルな世界をつくること

共通の言葉 … どんな言葉を使う？　何に苦労している？　何を大事にしている？　何に困っている？　何を改善する？　それはなぜ？　表現します　伝えます

共通の感情 … 営業で良い行動→承認
提案・受注・制作で良い仕事→賞賛
口コミ・顧客満足度で良いあり方→祝福
（月）
目標達成で良い行動→承認
貢献度で良い仕事→賞賛
顧客満足度で良いあり方→祝福

② ▶ 根を育てる

チームを育てる

組織の次は部署（チーム）について見ていきましょう。
組織として機能するには
個人の生産性が平均化されていることが必要でした。
次は、組織を構成するチームを
機能させることに注目します。

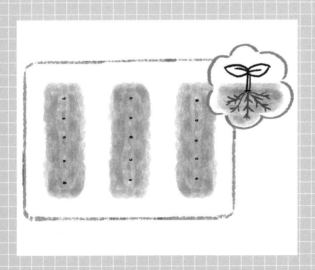

チームとは？

　チームは組織の中で役割を一つ担っています。プロダクト、セールス、マーケティング、リクルーティング、マネジメントがそれです。各チームはそれぞれ共通の目標を達成するべく、個人が力を十分に発揮しなければなりません。個人の生産性が平均化されただけでは足りないのです。**個人の生産性を最大化する、60点を100点にする**のがチームとしての役割です。

　それではチームを構成する個人の役割を見ていきましょう。リーダー、フォロワー、メンバーです。リーダーは会社のミッションを理解し、ビジョンに向けて、バリューとアクションを誰よりも率先して体現し、「できない」を「できる」に変える人。フォロワーはリーダーを誰よりも支援し、メンバーを巻き込む人。メンバーは求められるスキルを発揮し、チームに貢献する人です。リーダー、フォロワー、メンバーを適切に配置することで、個人の生産性は最大化され、チームとして機能します。

実は大事なフォロワーの役割

　フォロワーの役割はリーダーを誰よりも支援し、メンバーを巻き込むこと。「チームにはリーダーとメンバーがいればいいのでは？」と考えるのは大きな間違いです。フォロワーの最も大事な仕事は、**リーダーを真っ先に支援し、メンバーにその姿を見せて巻き込む**ことです。言い換えれば、「リーダーが正しい」と伝えるのが仕事です。リーダーは「できない」を「できる」に変える人で、メンバーはできることを最大限発揮する人。つまり、リーダーが言ってしまうと「あの人だからできるんだ」と誤解されかねません。メンバーもチャレンジしたいけど失敗する恐怖を抱えています。それをフォロワーが「できるよ」と恐怖を取り払うわけです。

　したがって、チームを円滑に機能させるには、リーダーよりもフォロワーの存在のほうが重要とさえ言えます。フォロワーを経験したことがない人がリーダーになるチームは潰れます。プログラミングが得意だから、営業が得意だから、といった考えで独立すると失敗するのは当然なのです。

メンバー　　フォロワー　　リーダー

個人にはそれぞれ 役割と限界がある

自分ができる＝誰でもできるではない

　一人で起業した経営者ほど、「自分にはできるのに、なんでできないんだ？」と従業員を責めてしまいがちです。経営者はすべて80点の仕事ができるので、従業員も同じだと思ってしまいますが、それでは組織、チームとして機能しません。

　組織に属する個人にはそれぞれ役割と限界があります。限界があるというのはネガティブなことではありません。むしろ、**全員が経営者ではいけない**のです。だから、リーダー、フォロワー、メンバーという役割に分け、責任を明確にするべきです。

ビジョンへの共感は必須

　その上で、ビジョンに共感しているかどうかは重要です（特にリーダー）。**ビジョンに共感し、自身の役割をしっかり果たしてくれる人が理想**です。ただし、ビジョンに共感してくれるからといって、自分と同じだと勘違いし、「幹部候補だ！」と言って同じ仕事を押し付けてはいけません。勝手に期待外れだとガッカリするだけです。

　そうではなく、自身の役割を理解してもらい、実績を一つずつ積んでもらいましょう。

117

チームを育てるを読む

──ラフスタイルの事例

　ラフスタイルのチームでは、**リーダーになるほど、経営者に近い役割**を担っています。

　リーダーは、こだわりを知る・掘る・魅せるを日々の活動・仕事の中に落とし込んで活動する。お客様に対しても、つねにこだわりを知る・掘る・魅せることを仕事の中心に据えて行動する。お客様の仕事に対して、こだわりをちゃんと理解したか？　きちんと掘れたのか？　それをきちんと表現できたのか？　つねに問う。社内活動においても、知る・掘る・魅せることを意識し、何に苦労しているか？　何に困っているのか？

　それはなぜなのか？を深掘りする。わかりやすい共通イメージなども使い共通の理解を深める。フォロワーは、リーダーの考えに対してわからないところは質問を投げかけ理解し、理解を深め納得する。そして理解したことを元に、どうあればメンバーが動きやすいか考え、メンバーを指導し導く。知る・掘る・魅せるを意識しメンバーと向き合う。メンバーは、求められる役割・仕事に対して迷わず活動を行うこと。

　以前のラフスタイルでは、もともとフリーランスのクリエイターを社員にしたり、外部のクリエイターと仕事をしていた流れから徐々に拡大していったので、プロジェクト単位でチームをつくるという方式で仕事をしていました。つまり、当初はチームがなかったと言えます。

組織をおさらいする

　本章では組織を育てるとして、組織の役割、チームの役割を見てきました。組織は各チームが連携して機能し、チームは個人が役割と責任を果たすことによって機能する。一つひとつがバラバラなのではなく、**全体から個へ、全体最適をしていくことで、はじめて組織としての形になる**のでした。

　第1章で組織の形を紹介しましたが（64ページ）、これを分解すると下図のようになります。MVVをはじめ、組織は何によって構成されているのか。チームはどうなっているのか。全体を見ずにメンバーを教育しよう（人を活かそう）と思ってもうまくいきません。マネジメントに入る前にしっかり押さえておきましょう。

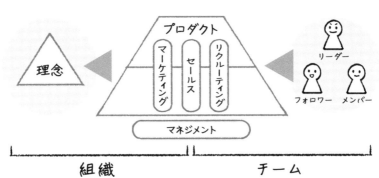

③ ▶ 人・物・お金を
活用する

[マネジメントする]

組織が機能すると、個人の生産性は平均化される。
そして、チームが機能すると、個人の生産性が最大化される。
こうして個人の生産性が高まった状態で、
はじめてマネジメントが効果を発揮します。
経営資源を活用して、会社全体の生産性を高めるのです。

マネジメントは 人を活かすことから始まる

マネジメントの目的は、人、物、お金を活かして会社全体の生産性を高めることです。そして、マネジメントは人を活かすことからスタートします。人を活かすための条件は「**役割**」「**責任**」「**評価**」の3つです。

　役割は、チームを構成するリーダー、フォロワー、メンバーのこと。リーダーは会社のミッションを理解し、ビジョンに向けて、バリューとアクションを誰よりも率先して体現し、「できない」を「できる」に変える人。フォロワーはリーダーを誰よりも支援し、メンバーを巻き込む人。メンバーは求められるスキルを発揮し、チームに貢献する人でした。それぞれ「どこまで求められているのか？」という責任が異なり、その責任を果たしたとき、評価されます。したがって、人を活かすにはこの流れを理解し、適切な評価制度をつくらなければなりません。

　評価は賞賛、承認、報酬です。どんなときに褒め称え、どんなときに認め、どんなときに報酬を与えるのか。制度として整えます。

物を活かし、資本を人に活かす

　正しい評価制度を導入し、人を活かすことができると、物の質が上がります。物を活かす条件は、「**コンセプト**」「**クオリティー（質）**」「**イノベーション（変革）**」です。物の最たる例であるプロダクトで考えると、まずプロダクトのコンセプトがよくなり、クオリティー（質）が向上し、その結果、イノベーション（変革）が起こります。

　物はプロダクトに限らず、セールス、マーケティング、リクルーティングも同様です。たとえば、集客にもコンセプトがあり、クオリティーがあり、変革は起こります。そうして物を活かすことができると、売上が上がるようになります。

　その結果、会社には資産として蓄積されます。資産が増えれば、また新しく投資ができるようになります。投資先は、人です。繰り返し説明しているとおり、経営資源の活用サイクルは、人→物→お金です。こうして会社全体の生産性が向上するのです。

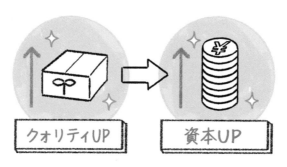

CASE STUDY

マネジメントするを読む

──ラフスタイルの事例

　マネジメント＝経営資源の活用は人→物→資本の流れです。第1章では、型の説明として、ラフスタイルがどのような形でマネジメントをしているか（たとえば、人の活用は社長＋各部署の責任者で決めるなど）を説明しましたが、ここでは具体的な活用の流れを紹介します。

　ラフスタイルでも、まずファネルにバリュー・アクションを組み込み、部門ごとの生産性を平均化しました。そしてバリュー・アクションにもとづいた評価制度を導入し、個人の努力を評価しています。

　ブランディングの取り組みにより、流れをつくるまで時間はかかりましたが、プロダクトの質が向上し、その結果1件あたりの案件単価も向上。資産増加につながりました。そして、その資産を賞与や人材研修に活用しています。それまでは経営資源を社員旅行や飲み会など、社員のモチベーションや関係性を深めるために主に活用していました。今は、**外部コンサルタントの研修・資格取得・セミナー受講・賞与などに活用**しています。その結果、さらに人材が育ち……という理想的なサイクルになっています。

テーマは「組織・マネジメント」

個人の生産性を平均化する

①組織を育てる

・組織を理解し、個人の生産性を平均化する（10〜40点から60点へ）

・そのために、経営者は共通の目標、言葉、感情をつくる

個人の生産性を最大化する

②チームを育てる

・チームを理解し、個人の生産性を最大化する（60点から100点へ）

・リーダー、フォロワー、メンバーを適切に配置する
　→フォロワーの役割が意外に大切

マネジメントで会社全体の生産性を高める

③経営資源を活用し、会社全体の生産性を高める

・人材を活かし、物の質を高める

・物の質を上げて、資産を増やす

・増えた資産で、人材を育てる

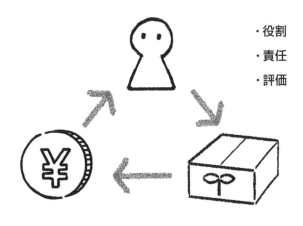

・役割

・責任

・評価

・売上　　　　　・コンセプト

・投資　　　　　・クオリティー

・資産　　　　　・イノベーション

第 5 章
手入れをする

選択し、集中する

POINT

　土壌と畑を整え、各区画の収穫量を決め、種を植え、根を育てました。根が育ってくると、手入れが必要です。余計な雑草を取り、栄養をしっかり集中させます。ブランディングにおける手入れは、選択と集中です。ここまでやってきたことを見直し、うまくいっていることにリソースを集中させます。

選択と集中

・**解像度を上げる**
　　→MVVとプロダクトを見直す

・**成果の出ていることを強化する**
　　→セールス（ファネル、手順）
　　→マーケティング（ファネル、手順）
　　→リクルーティング（ファネル、手順）

① ▶ 問いと探求

解像度を上げる

選択と集中とは、これまで行なってきたことを見直し、
不要なものを取り払い、成果の出たものを研ぎ澄ましていくこと。
ただ、うまくいったことを見る前に、するべきことがあります。
それが、理念とプロダクトに対し、これでいいのか？
もっと的確な表現や言葉はないのか？
といった問いと探求を実行し解像度を上げること。
何の解像度を上げるのでしょうか。

理念の解像度を上げる

　手入れ（選択と集中）とは、うまくいったことを継続的にできるようにすることです。ここまでやってきたことすべてに対して見直しをします。具体的には、理念、プロダクト、セールス、マーケティング、リクルーティング、マネジメントです。

　最初に行うのは理念の解像度を上げることです。簡単に言うと、**企業理念（MVV）と経営理念の表現が変わります**。これはガラリと変わるのではなく、「こっちの言葉のほうがしっくりくるな」と思えるようになるのです。たとえ意味が似ていても、表現が変わると行動も変わります。これが解像度が上がるということです。

　経営理念は言葉の表現だけではなく、数字も変わります。中長期で掲げていた数値目標が前倒しで達成できそうだから、より上を目指そうと思ったら、目標は当然変わります。これは上方修正だけでなく、下方修正の場合もあります。後述するプロダクトの解像度を上げる場合も同じですが、見直すタイミングは3カ月、6カ月、12カ月です。期間を決めて、定期的に見直してみましょう。

プロダクトの解像度を上げる

　次は、プロダクトの解像度を上げます。これも定期的に見直すことで、当初とは違った視点で見ることができるようになります。

　具体的に見直すポイントの一つは、強みづくりで使った6つの質問を使います。実績を見ながら、あらためてこの質問に答えると、表現が変わるのです。**強みの表現が変わることもあれば、強み自体が変わる**こともあります。これは実績があるからできることで、「自分たちの強みはこれだと思っていたけど、うちが選ばれている理由は違った」ことは少なくありません。

　もう一つは、顧客の声です。「選んでいただいた理由」を聞いてみると、**その背景に強みが隠れている**ことは多々あります。これも行動したからわかることです。マッサージ店なら、「安さが強み」と思っていたものの、実際は「駅から近かった」「一人で運営している店舗だったから」など、思いもしない言葉を聞くことがあります。それによって、施術の方法すら変わってくるはずです。

　そのほか、現場の声を聞くことも有効です。経営者が強みだと思っていたのに、現場では違うことをしていたこともありえます。

② ▶ 問いと探求

［ 仕組みづくり ］

MVVとプロダクトの解像度を上げたら、
成果の出たものを選択し、集中する段階に進みます。
目的は、うまくいったことを
継続的に行う仕組みをつくることです。

成果の出ていることを強化する

　MVVとプロダクトの解像度が上がったら、**セールス、マーケティング、リクルーティングにおいて、成果の出ている施策を強化していきます。**この施策は手順＋マニュアルのことです。前項でも触れたとおり、ダメだから変えるのではありません。それでは部分最適になってしまいます。極論に聞こえるかもしれませんが、もし成果が出ていないなら、最初からやり直すべきです。

　ファネルごとに目標を設定し、それをかなえる手順＋マニュアルの中から、**うまくいったことを抽出し、特化する**だけです。むずかしく考える必要はありません。セールスやマーケティングの行動が洗練されればされるほど、目標（購入や成約、問い合わせなど）に至るスピードや確率を上げ、より物語が伝わることになります。

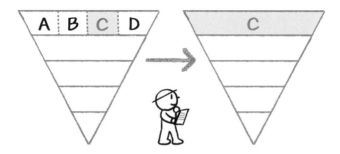

CASE STUDY

仕組みづくりを読む

——ラフスタイルの事例

　各手順、マニュアルでうまくいったものを選択・集中しました。セールスでは、実績資料の提示、型に沿ったヒアリング、イメージを使った説明、苦労を宝に変えた先の未来のイメージの共有、目的と目標の擦り合わせ。

　マーケティングでは、紹介者に集客と採用の成功事例をまとめた資料を渡す、苦労を宝に変えた実績やストーリーをWebサイトに掲載、苦労を宝に変えるためのこだわりをビジュアルで表現し記事で紹介、Webに掲載しない情報を資料に掲載など、メールで問い合わせを受け付ける。

　もちろん、**うまくいったことをさらに伸ばす**という視点です。

セールス
- 不信 … 実績資料の提示
- 不安 … 型に沿ったヒアリング
- 不満 … イメージを使った説明
- 不適 … 苦労を宝に変えた先の未来のイメージの共有
- 不急 … 目的と目標の擦り合わせ

マーケティング
- 認知 … 紹介者に集客と採用の成功事例をまとめた資料を渡す
- 興味 … 苦労を宝に変えた実績やストーリーをWebサイトに掲載
- 行動 … 苦労を宝に変えるためのこだわりをビジュアルで表現し記事で紹介
- 比較 … Webに掲載しない情報を資料に掲載／資料請求した方の情報を収集し、フォローの連絡を入れる
- 問い合わせ … メールで問い合わせを受け付ける

ミーティングの本当の目的

「ムダなミーティングはなくすべき」といった話題はよく耳にしますが、そのほとんどは、「あれ、どうなってる？」という上司の目標を達成するためのものです。しかしミーティングは必ずしも悪ではなく、本当はもっと重要で有意義なものです。

ミーティングは、一緒に何かをつくりあげる作業において効果を発揮します。チームとしての価値観を合わせることができるのです。そのためにも、うまくいったことをさらに研ぎますためのものでなければなりません。うまくいかなかったことを分析し、どうすればうまくいくか？を話し合うことではありません。

したがってミーティングでは、**MVV、プロダクト、セールス、マーケティング、リクルーティング、マネジメントと、それぞれ分けて行うこと**。そして可能であれば毎日、毎週、毎月行うのが理想です。その日にうまくいったことは何か？　1週間では？　1カ月では？とスパンによってうまくいったことを分析できるからです。

くれぐれも、経営者からの一方通行にならないようにしましょう。ただの報告を共有させるものでも、ダメ出しするものでもありません。ミーティングはすればするほど、MVVやプロダクトの解像度が上がり、各手順がより洗練されていきブランディングがスムーズに進行していきます。

組織やチームを機能させる
習慣づくり

　いい習慣をもっている組織やチームは強く、逆は弱いと言えます。人が意識してできることはほんの少しで、大部分は無意識で行なっています。その無意識をちゃんと習慣化できれば、組織にとって、チームにとって大きなプラスになります。

　習慣の一つは前項で紹介したミーティングです。そしてもう一つが**日常業務**です。**日常的に何をするかで成果は決まります。**その成果をもとにミーティングをするのです。逆に、日常業務が明確になっていないと成果を上げることはできず、何がダメだったか？というものになってしまいます。

　毎日、どんな習慣を持つか（日常業務で何をするか）。これを設計するのは経営者や経営陣です。たとえば、早朝の工事現場で作業する人たちが集まってラジオ体操をしている光景を見たことがあるはずです。これはとても大切な習慣です。実際にラジオ体操をしている人たちは、重要性まで意識していないはずです。しかし、ラジオ体操をすると決めた上層部はその重要性を理解しています。これが、日常業務であり、習慣です。だからこそ、プロダクトに対して明確な想い、言葉、実績が必要なのです。最初はどこかからいい習慣を参考にする場合もあるでしょう。それでも結構です。ただし、**習慣づくりも物語の一部です。**MVVやプロダクトとズレていないか、なんとなくやっていないか、つねに意識してください。

ミーティング、習慣づくりを読む

——ラフスタイルの事例

　目標を立て、行動を続ける中で、ラフスタイルでもつねに問いと探究を続けています。その方法は**ミーティング**と**習慣づくり**です。

　セールスチームの例を挙げると、週一でお客様のこだわりをお宝に変えるやり方についての、成果の確認と改善点を30分のミーティングで行います。ふり返りを定期的に実施し、こだわりの解像度を高めています。それに加えて、フォーマット化できる部分については、型に落とし込み、型のブラッシュアップもこのときに確認しています。

　習慣づくりでは、会議で気づき、習慣化したほうがいい点をピックアップし、日々の習慣リストの中に加えて習慣・行動に落とし込みます。毎朝、習慣化の確認をして1日の行動をスタートします。

　以前は、進捗報告や営業報告など、現状の案件をどうスムーズに進めるかが、主な目的のミーティングでした。週一で開催していましたが、ただの進捗報告なので、案件をどのように対処すればいいかという内容がほとんどで、自社の差別化やこだわり向上につながるようなものではなかったのです。ミーティングの中で出た内容を効率化するために、スプレッドシートなどで効率化を図ろうという業務改善の習慣化はありましたが、こだわりのための習慣化ではありませんでした。

テーマは「選択と集中」

解像度を上げる

①解像度を上げるとは

・あいまいだったものが鮮明に、こまかく見えるようになる

・解像度を上げるのは、MVVとプロダクト

成果の出ていることを強化する
仕組みと習慣をつくる

②成果の出ている施策を選択する

・セールス、マーケティング、リクルーティング

・ファネルごとに設定した目標を達成するために挙げた施策の中から、成果のでているものだけに特化する

第 6 章
収穫をする

成果を分け合う

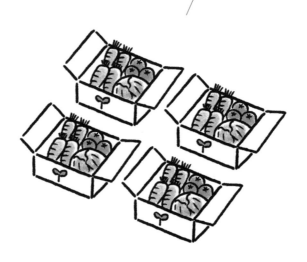

POINT

　土壌を畑を整え、各区画の収穫量を決め、種を植え、根を育て、手入れもしました。そして、いよいよ収穫です。ここまでの努力が実る瞬間です。ただし、収穫物は独り占めするのではなく、利害関係者と分け合うものです。ブランディングにおいて、それは実績です。実績を物語に組み込むことでブランディングはより強化させていきます。ブランディングにおける実績とは具体的に何か？　何を分け合うのか？を見ていきましょう。

実績づくりの流れ

・**プロダクトの実績をつくる**
　→物語の一部にする

・**セールスの実績をつくる**
　→物語の一部にする

・**マーケティングの実績をつくる**
　→物語の一部にする

・**仲間の実績をつくる**
　→物語の一部にする

・**企業のビフォー・アフターが集まるほど物語に厚みが増し、応援者が増える**

① ▶ 収穫をする

実績づくり

ブランディングにおけるここまでの工程は、
実績をともなってはじめて進んでいると判断できます。
プロダクトの売上をはじめ、目に見える形で、
または目に見えない形においても現れてくるはずです。
それらを見落とさず、しっかり収穫しましょう。

実績とは何か？

　企業の実績は売上（利益）や規模、成長度合いです。プロダクトの実績は、どのくらい売れたか（件数、個数）、知名度、この商品で顧客がどんな結果を出したか？　クオリティーがどれだけ向上したか？など。顧客の実績は口コミ、変化など。仲間の実績はやりがい、自信、給料、昇進、キャリアなどです。**これらは1年ごと（いわゆる決算時）に測る**といいでしょう。

　実績を積むと、あこがれや信頼につながります。あそこの商品が欲しい、あそこで働きたいと集まる状況を生むのです。そして、それらはやがてブランドのイメージ構築につながります。そう、ブランディング＝イメージづくりではありません。実績をつくれば、**イメージは勝手に出来上がるもの**なのです。

　ブランドとは物語であり、ブランディングは物語を紡ぎ、発信し、応援者を集めることでした。実績の一つひとつが、物語の構成要素となり、それがイメージを生み、応援者を増やすことにつながるのです。そのためにも、成果を経営者が独り占めしてはいけません。顧客、従業員など、企業に関わる人と分け合いましょう。

0

1

2

3

4

5

6

7

ビフォー・アフターが
物語の厚みを増す

実績を積み重ねる

　実績は物語を形作る大切な要素なので、一つつくればいいものではありません。**積み重ねていくもの**です。実績が一つできたら、また新しい目標をつくり（経営理念）、それに向かって行動を起こし、新しい実績を積み重ねていきます。その結果、物語は厚みを増していきます。

ビフォー・アフター

　物語に厚みを増す要素はもう一つあります。それは、ビフォー・アフターの幅です。これが広いほど、その効果は大きくなります。よくダイエットのCMなどで見かけるビフォー・アフターの画像を思い出してみてください。もし、見た目にはわからないほど小さな差だと、大きなインパクトを与えることはできないでしょう。ブランディングにおける実績も同じです。**この幅が大きければ大きいほど、あこがれや信頼は生まれやすくなります。**急速に伸びているスタートアップがあるイメージをもたれやすいのは、ビフォー・アフターの差が激しいからです。

CASE STUDY

実績を読む

————ラフスタイルの事例

　ブランディングを進め、1年がたったとき、次のような実績をつくることができました。まず、プロダクト（デジタルクリエイティブ）の事例実績としては、他社との差別化が明確化し、口コミからや紹介による案件相談が月に数件来るようになりました。

　セールスでは、Web制作が目標の28件以上取れるようになりました。

　マーケティングでは、問い合わせが月間で2件増加するようになりました。

　リクルーティングでは、採用の問い合わせが月間で2件程度増加するようになりました。

　このような実績は、以前の会社のあり方では考えられなかったことです。**今のあり方が大きく変わっています。**MVVを軸に部分最適ではなく、全体最適を行ったことで、全社を通した一貫性が増し、それが行動や仕事での結果として現れてきていると感じています。

　ブランディングを進めることになった当初は、MVVづくりから社内の意識変革にかなり大変ではありましたが、変化の反応は、案件の中身や1件の受注金額の変化、件数、売上に徐々に現れつつあります。

実績を発信する

実績はしっかりとアピールすることが大切です。
せっかく新商品を開発しても、
誰の目にも留まらなければ売れないのと同様に、
実績は分け合うことではじめて意味を持ちます。
ここでは分け合う方法を考えます。

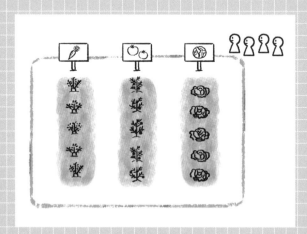

行動に組み込む

　実績をそのままにした場合、どうなるでしょうか。畑にせっかく作物が実ったのに、収穫せずにそのまま放置していたら？　そう、腐ってしまいます。実績の場合も同じです。実績が上がったからといって、分け合わずに次々に新しい仕事を取ってきても意味がありません。実績を分け合ってはじめて収穫したと言えるのです。

　では、どうすればいいでしょうか。その方法は、実績を発信すること。発信というとPRのように聞こえるかもしれませんが、行動に組み込みます。行動＝発信にするわけです。プロダクトに組み込めばコンセプトやクオリティーが研ぎ澄まされ、セールス、マーケティング、リクルーティングなら手順とマニュアルに組み込み、マネジメントなら評価制度などに組み込みます。

　1年ごとに成果を測り、実績として行動に組み込んでいけばどうなるか？　**物語はより大きくなり、一貫性のあるものになっていくはずです。**

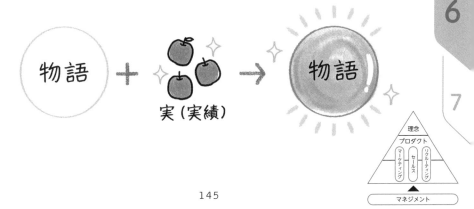

物語 ＋ 実（実績） → 物語

実績の発信を読む

――ラフスタイルの事例

　ブランディングを進め、1年でブランディング以前とは大きく異なる実績を積めるようなったラフスタイル。これはもちろん経営者一人の力ではなく、**仲間とともに同じビジョンに向けて進んだ途中経過**です。これをただの実績として放置するのではなく、ラフスタイルでは案件終了後、苦労からこだわりを見つけ、宝に変えたお客様に対してインタビューを実施します。そうして、お客様の声をすべての仕事で集めることを行動に組み込んでいるのです。集まったお客様の声はホームページで紹介。これも行動として組み込んでいます。この結果、実績はラフスタイルにかかわるすべての人と共有していると言えます。

　これにかぎらず、お客様にいただいた顧客満足の言葉の共有や、エンドユーザーの反応による成果の共有なども行っています。

　ブランディングを進める前は、このような取り組みはしていませんでした。売上といった数字が社内に残るのみ。これでは実績を発信しているとは言えません。実績は積み続けるものなので、次の目標に向かって地道に進めていきます。

テーマは「実績づくり」

実績をつくる

①実績とは

・企業は、売上（利益）や規模、成長度合など

・プロダクトはどのくらい売れたか（件数、個数）、知名度、この商品で顧客がどんな結果をだしたか？　クオリティーがどれだけ向上したか？など

・顧客の実績は、口コミ、変化など

・仲間の実績は、やりがい、自信、給料、昇進、キャリアなど

・実績があこがれや信頼につながり、その結果、ブランドイメージをつくる

・実績は物語を構成する重要な要素

・実績はビフォー・アフターの幅が広いほどよい

実績を発信する

②行動に組み込む

・実績は発信してはじめて意味を持つ

・プロダクト、セールス、マーケティング、リクルーティング、マネジメントそれぞれに組み込んでいく

第7章
次の仕込みをする

> 挑戦を続ける

POINT

　土壌と畑を整え、各区画の収穫量を決め、種を植え、根を育て、手入れもし、ついに収穫しました。しかしここまではまだ1シーズン、作物を育てることができただけと言えます。理想の畑を実現するために、ここまでの工程を何度も繰り返します。ブランディングでいうと、次の中長期目標、つまり経営理念に向けて進むことです。

次の目標づくり

・**実績を積み重ねる**
　→やがて経営理念を実現する

・**新しい経営理念（目標・戦略・戦力）が必要になる**

・**実績＝企業の体力**

・**体力がない状態で新しい挑戦は無謀**

・**経営に正解なし。正解する力をつけよう**

次の目標をつくる

第2章の目標設定から
第6章の実績づくりまでを一つのサイクルとし、
これを繰り返していくことで実績が積み重なっていきます。
その先に、中長期の目標の実現があります。
次の仕込みをするとは、
すなわち新しい経営理念をつくることにほかなりません。

ブランディングの流れを
おさらい

　企業を整えることから始まり、目標を決め、行動を設計し、経営資源を活用しながら実行し、実績をつくることができました。実績を積み重ねることができれば、やがて中長期の目標を達成するでしょう。しかし、それはビジョンの実現という観点からは道半ばです。**新しい中長期の目標＝経営理念を策定**しましょう。それが「次の仕込み」であり、「次の目標づくり」です。

　ブランディングを始める前と今では、見える景色が異なるはずです。あなただけの物語が鮮明に見えてきているはずです。企業理念のビジョン実現のために、次はどんな目標を設定すればいいでしょうか。次の3〜5年で何を達成すればいいでしょうか。ここでMVVと外れた目標（たとえば、目先の売上に目が眩んで流行りに手をだすなど）を設定しないように気をつけましょう。

次の目標をつくるために

実績づくりを忘れない

　次の目標をつくるとき、押さえておきたいのは企業の体力と一貫性です。ビジョン実現への道のりははてしなく長いので、一貫性が必要なのです。しかし、体力がないと方向性がブレてしまいます。一度ブレると一貫性を保つことが非常にむずかしくなり、社内で反対する人も出てくるでしょう。または、部分最適に走ってしまうこともあるかもしれません。**部分最適に走った結果、物語は破綻し、ブランドも崩れます。**

　そのため、一貫性のある実績をつくってきたのです。企業の体力とは実績です。新しい挑戦をするには体力が必要なのです。

経営に正解なし

　企業経営に正解はありません。**正解にしていく力があるかどうか、だけです。**ブランディングを進め、企業を応援してくれる人が増えたとき、正解にする力がついたと言えます。そのとき、はじめて次のチャレンジができるようになります。

　この挑戦を何度も何度も繰り返した結果、いつかビジョンを実現するときが来るはずです。

CASE STUDY

次の目標を読む

——ラフスタイルの事例

　ラフスタイルの物語をかなり前に進めることができたと実感しています。ただし、中長期の目標の達成はまだ道半ばです。まずはそれを達成するために、次のように考えています。

　定性目標は、中小零細のCMOになること。採用と集客について、年間の販促予算をお任せいただけば、自分たちのこだわりをうまく表現し、最も効果が高く対応してくれると言っていただける状態になれるようになること。そして、よりたくさんの中小零細企業をたくさんの人から応援される会社になるサポートをしていく。

　現状では、中小採用と集客の戦略において、お客様のこだわりを見つけ宝に変える、ブランディングの取り組みの入口に立っている段階です。デジタルクリエイティブの品質や内容も変わり、案件規模も拡大しつつある状態。それに対して、仕組み化や手順化・型化・人材教育など、まだまだやらないといけないことが多くあります。

　定量目標は年間85件受託（Web制作）、現状は年間28件規模なので、当面はこの数字を達成すべく、さらにブランディングを進めていきます。

テーマは「次の目標づくり」

挑戦を続ける

①次の目標をつくる

・次の展望とは、新しい経営理念のこと

・ブランディングにおける1サイクル
　→経営理念（3〜5年目標）の策定

　→それを達成するため、プロダクト、セールス、マーケティング、リクルーティングの目標設定

　→1年ごとに実績を評価し、何度も繰り返していく

　→経営理念を達成したら、次の経営理念をつくる

・実績をつくり続け、一貫性を保ったまま挑戦を続ける

ブランディングのまとめ

・ブランドは、創業の歴史から始まり、価値ある未来に続く企業の物語

・ブランディングは、物語を紡ぎ、伝えていく活動
　→企業活動のさまざまなポイントに物語の断片を組み込んでいく

ブランディングの流れ

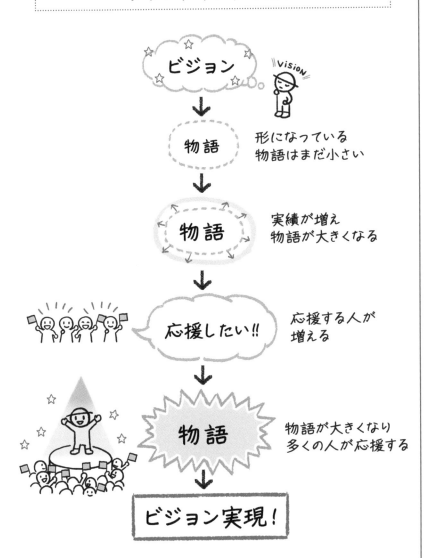

ビジョン

物語 — 形になっている 物語はまだ小さい

物語 — 実績が増え 物語が大きくなる

応援したい!! — 応援する人が 増える

物語 — 物語が大きくなり 多くの人が応援する

ビジョン実現！

おわりに

昔のラフスタイルは何も特徴がない会社だった

　これまで10年以上会社を運営する中で、人とのつながりや紹介によって着実に業務をこなしてきました。これまでの売上の大半は二次受け案件によるものでしたが、最近の経済情勢の変化により、依頼量が急激に減少。この突然の変化に直面し、我々は一次受けの仕事を十分に取って、生きていけるのか？という不安が押し寄せました。そのときになってはじめて、受け身でビジネスをしていたことを痛感したのです。これから積極的に一次受けの仕事をしていく必要があると考えた際に、あらためて、当社は何の特徴もない制作会社であることに気づかされました。

ブランディングの過程は苦悩の連続

　何の特徴もない制作会社から脱却する方法は何か？　自社がどのように差別化できるかを考える必要がありました。そこで出会ったのが、本書の共著者であるmake markeの佐藤さんでした。彼との協力により、自社ブランディングの取り組みを開始したのです。率直に言うと、当時の私たちは、ミッション・ビジョン・バリューすら掲げていない、志の低い会社でした。

　最初に作成したミッションは「社内のありがとう、お客様のありがとうを増やす」、ビジョンは「デジタルマーケティング

でより幸せになる100社を作る」、バリューは「お客様の悩み
を見える化し、解決する」でした。しかし、これらはあまりに
も抽象的で、何の課題を解決しようとしているのかが明確では
ありませんでした。

　佐藤さんから「平岡さんはいったい何がしたいと思ってこの
仕事を始めたんですか？」「創業の動機は何でしたか？」と深
く問われ、何度も悩んだ末に、創業時の想いにたどり着きまし
た。原点の想いは変わらず、つねに私の心の中に輝き続けてい
ました。もともと自分は、とてもこだわりが薄い人間です。趣
味もこれといってないし、こだわりと対極の人生を送ってきま
した。そんな自分にとって、世の中で苦労しながら、自分が大
切にしているものにこだわり、情熱を持って活動している人が
輝いて見えました。ものすごい宝を持っているなと心からうら
やましく感じたのです。

　その反面、その人にとってこだわりは日常的なことであり、
普通のことだと言って人に伝えていませんでした。それはもっ
たいない。それらを掘り起こして世界に発信したいと、若い頃
から感じていた、自分の中の不に対する思いが、今のミッショ
ンビジョンバリューになり、これをもとに会社の戦略・戦術の
見直しを行いました。

仕事の意識と行動が変わり、結果が変わった

　ブランディングを通じて、私たちの仕事の目標や行動、結果がすべて変わりました。二次受け案件の減少に不安を感じていた状況が変わり、一次受けでもしっかりと案件を獲得できる会社へと変貌していきました。

　ただその過程では、内部での理解を含め、かなりの苦労がありました。実際、まだすべてがうまくいっているわけではありません。日々、失敗と見直しの繰り返しで、正直、自分たちもブランディングのスタートラインにようやく立った状態だと感じています。しかし、自分たちの会社でもできることはほかのすべての会社でもできると考えています。同じように苦しんでいる企業をサポートしていくつもりです。

　今後は、make markeとラフスタイルのブランディング体制をより強化し、make markeが理念の構築を担い、ラフスタイルがこだわりを宝に変えてデジタルクリエイティブに落とし込むアウターブランディングを担い、全国の中小零細企業が多くの人々から応援される会社に成長するサポートにより力を入れていきます。この取り組みを日本全国に広め、笑顔あふれるラフ（笑顔）スタイルの社会が広がれば、人生は最高だと思います。

平岡広章

おわりに

ブランディング（物語づくり）のイメージイラスト　© Tukika
make markeが理念づくりを、ラフスタイルがアウターブランディング
を担っていきます

▷ブランディングサイト
https://branding-ml.jp

▷公式LINE

@194fchdu

LINEの友達登録をしていただくと、
書籍に掲載できなかった情報をま
とめたホワイトペーパーを無料で
プレゼント。このQRコードより
友達登録してください。

読むだけ ブランディング

2024年5月15日　第1刷発行

著者	佐藤幸憲　平岡広章
イラスト	八木真理子
編集人	佐藤直樹
デザイン	華本達哉（aozora.tv）
発行人	森下幹人
発行所	株式会社 白夜書房 〒171-0033　東京都豊島区高田3-10-12 ［TEL］03-5292-7751　［FAX］03-5292-7741 http://www.byakuya-shobo.co.jp
製版	株式会社公栄社
印刷・製本	図書印刷株式会社